Introduction to Political science

政治学入門

増田　　正　　島村　直幸

丹羽　文生　　吉田龍太郎

半田　英俊　　加藤秀治郎

一藝社

まえがき

　本書は、大学で政治学を講じている教員たちが執筆した「政治学の入門書」である。

　昨今の大学では、セメスター制を前提として、原則として15コマ単位で講義が組み立てられている。本書の章割りは全15章なので、1回に1章ずつ取り組めば、1セメスターで一般教養の政治学が、学修できる。その意味では、政治学のセメスター対応版として、初学者はもちろん、効率的な学習が求められる公務員試験対策にも活用できるものと期待している。もっとも、最近では、1コマの時間を延長して、全体を14コマ以下に抑える大学も増えてきているので、その場合には適宜調整が必要である。

　大学生は、一般教養では政治学さえ学んでいればよいというわけではない。法学、経済学、社会学などの他の社会科学はもちろん、人文科学や自然科学も必要である。

　そのように考えてくると、政治学をコンパクトにわかりやすく講じることは、政治学を掘り下げて学ぶ者にも、取り急ぎ学ぶ者にも、等しく意味がある。18歳選挙権の導入に伴い、わが国では早期の主権者教育の必要性が叫ばれている。中高生が本書を読んでもいっこうに構わないと思う。

　政治学は他の隣接諸科学と比べて、領域が広く、全体としてみると統一性に欠けているきらいがある。たとえば、国際政治（国際関係論）と地方自治が、同じ政治学の中で普通に講じられるし、政治史もあれば、選挙分析もある。なるほど、政治学はアリストテレスの時代の「マスター・サイエンス」を引き継いでいるせいか、政治学を体系的に、しかも、コンパクトに論じることはかなり難しいと言わざるを得ない。われわれは読みやすさを重視したため、形式的にも内容的にも犠牲にした部分もあるが、参考文献リストを付しているので、さらに学習したい方はそちらを読んでいただきたい。

　政治学は、しばしば政治部記者などによって、政治論的に講じられることも多い。たしかに、そちらのほうが一般受けする部分もあろうが、マスコミ人は自分の経験を拡大解釈しがちで、学説史や理論を軽視する傾向がある。「政治学」は、やはり「学問」なのであって、まずもってテキストで、基礎を学習することが欠かせないものである。

　本書の執筆陣は、2019年11月、本書の企画のために集まった。類書に『新版 政治学の基礎』（加藤秀治郎ほか、2002年、一藝社刊）があり、われわれはそれを参考にしながらも、時代の変化を踏まえて、内容を大幅にアップデートする作業を試みた。

　われわれは、もともと全員が知り合いというわけではなかったが、その距離感と、専門の違いとが、かえってうまく組み合わさって、当初の計画通り、政治学のテキストがスムーズに完成に漕ぎつけられたことは幸いであった。

　出版に当たっては、一藝社の菊池公男会長、小野道子社長と、編集・企画担当の松澤隆氏には、大変お世話になった。コロナ禍の折、出版の機会を与えていただいたことと、編集上のきめ細やかで行き届いた対応に心より感謝申し上げたい。

2020年10月

著者一同

目 次

第1章　政治権力と政治的リーダーシップ

第2章　政治思想と政治意識

第10章　現代の行政国家と官僚制

第11章　大衆社会から高度情報化社会へ

第12章　国　家

政治学入門

◆ 全章一覧 ◆

第1章

政治権力と政治的リーダーシップ

✎ 本章のキーワード ✐

□ 権力／強制力　　　　　　□ ウェーバー
□ 価値剥奪／価値付与　　　□ リーダーシップ／ヘッドシップ
□ 実体概念／関係概念　　　□ リーダー／フォロワー
□ 零和概念／非零和概念　　□ 特性理論／状況理論
□ アーレント　　　　　　　□ 政治的リーダーシップ

第1節 政治とは何か──「権力」と「強制力」

◆◆2種類の強制力 ── 価値剥奪と価値付与

　政治とは何か。この問いに対する答えにはさまざまな見解があるが、少なくとも「権力」を抜きには語れないことだけは確かである。

　権力とは、分かりやすく言えば「AがBに命令し、ある行為をさせる力」のことをいうが、その背後には何らかの強制力があり、たとえBの意思に反することであったとしても、否応なくAの支持に従わなければならないという状況になることがポイントである。

　強制力には2種類ある。1つは命令に従わせるために暴力や身体の拘束といった物理的制裁、財産没収や罰金のような経済的制裁、仲間外れや無視といった心理的制裁を加えること、さらに、罷免や減給の形で相手にとって大切な価値あるものを奪うことを示唆する「価値剥奪」である。

　もう1つは逆に相手に価値を与える、たとえば昇級や昇進をほのめかすこと

で命令に従わせる「価値付与」である。「アメとムチ」で言えば、アメが価値付
与、ムチが価値剥奪ということになる。

◆▶◀ 「権力」の２つの見方 —— 実体概念と関係概念

これまで多くの論者が権力について論じてきたが、その見方は大別して２つ
ある。実体概念と関係概念である。

（1）実体概念

実体概念は、権力の本質は強制力にあり、強制力を有する少数の人間が、他
の人々を屈服、服従させるという見方である。権力が一方的に行使される側面
を重視するもので、この考え方は、マキャヴェリ（⇒第15章・第2節）やホッブズ（⇒
第12章・第3節）、マルクス（⇒第2章・第2節）に代表される。

（2）関係概念

関係概念は、実体概念とは逆で、権力の一方的な行使は稀で、権力者と服従
者との間には、一方通行ではない何らかの相互作用があるという見方である。

つまり、権力行使は相手によって、あるいは、相手の出方によって変わるも
のであり、権力者と服従者それぞれが、相手のことを、どう評価するかで権力
関係に変化が生じるという考え方である。これは、権力現象の中の「合意」と
いう側面を重視するもので、ダール（⇒第13章・第4節）やロック（⇒第12章・第3節）に
代表される。

（3）ラスウェルの「権力基底」

ラスウェル[※]は、権力行使の基盤となるものを「権力基底（power base）」と呼んでいる。
たとえば、高位の政治的ポジションに立つ人が、その政治的ポジションに基づ
いて権力行使をする場合は、権力そのものが権力基底にあり、あるいは金銭の
力で人を動かす場合は、その権力行使は富に基づくものとなる。さらには愛情
の力、知識や技術の力による権力行使も考えられよう。

権力行使の基盤は多種多様であること、すなわち、権力基底の多元性を想定
するのが、ラスウェルの権力概念の特徴である。

ラスウェルの権力概念は、実体概念か関係概念か、どちらに入るかについて
は学説が分かれる（日本では、ラスウェルの「権力基底」を実体的な権力資源と見て、
これを実体概念とするのが、長らく一般的な見方であった。しかし、ラスウェルらの
『権力と社会（*Power and Society: A Framework for Political Inquiry*, 1950）』が邦訳されてからは、
関係概念との見方が有力になっている）。

※ Harold D.Lasswell(1902〜1978)。アメリカの政治学者。シカゴ大学およびイェール大学教授。（⇒第2章・第3節）

第2節 政治権力と社会権力

◆◆ 政治権力のみが持っているもの ── 合法的な物理的強制力

「AがBに命令し、ある行為をさせる能力」が権力であるとするならば、権力現象は社会一般にも見られる。家庭であれば親の権力、学校であれば教師の権力、会社であれば上司の権力といったように、さまざまな場面で権力現象が生じる。

では、このような社会権力に対して、政治権力はどう区別させるのであろうか。

それは、政治権力のみが合法的な暴力装置を独占し、強力な物理的強制力を持っていることにある。確かに反社会的勢力「暴力団」は、文字通り暴力を使って人々を威嚇し屈服させようとするが、しかし、それは決して合法的なものではなく、結局のところ警察力という合法的な実力には太刀打ちできない。

しかも、政治権力は「強制力」の強さでも勝っている。一般の集合体では、構成員を完全制圧することは不可能に近い。気に入らない上司の下で働く社員のケースを例に挙げるとすると、上司の命令に従いたくなければ申告によって別の部署へ異動、あるいは会社を辞めれば、それで済む。最終的に集合体から脱することができるのである。

だが、政治権力の場合は、基本的にすべての構成員はそこから逃れることができない。その代表的な政治権力が国家権力である。その領域内の国民に対して最高の物理的強制力を有しているのである。

国家の成員たることは、任意的ではなく必然的である。国籍は出生と同時に決まる。確かに1つの国家の成員たることを辞めて、自己の意思で他の国家の成員になることはできないわけではない。これを「帰化」というが、そこには厳しい規定と煩雑な手続きが必要であり、そう簡単なものではない。

◆◆ 政治権力の社会的機能 ── パーソンズの分類

では政治権力は、どのような社会的機能を果たしているのであろうか。これに関しては、政治学界において、長い間、十分な検討が行なわれてこなかった。近代以降、政治権力は人間の自由を侵しかねないものとして、どうすれば政治権力を制御できるかという部分にだけ、関心が向いていたためである。

この盲点を突いて、政治権力の社会的機能とは何かを論じてきたのが、パーソンズ[※]である。パーソンズは、権力には権力者が自己利益の追求のために使う場合だけでなく、社会的利益にとってプラスに働く側面もあると論じている。

※ Talcott Parsons (1902〜1979)。アメリカの社会学者。ハーバード大学教授。

たとえば、交通法規がなかったとしよう。そうすれば、車を自由に走らせることができる。しかし、何のルールも存在しないとなると、交通体系が無秩序になり、交通事故が頻発するだろう。交通法規の遵守が強制されているからこそ、安全を確保することができ、社会的利益にとってプラスになるわけである。

そこでパーソンズは政治権力を、強制的に人々の行動をコントロールし、社会の目的達成に向けて使われる「目的達成のために社会的資源を動員する能力」と呼んだ。政治権力は短期的には個人の自由を制限するかもしれないが、長期的に見れば、いかなる個人も、社会的組織の権力行使に依存していることが分かる。パーソンズは、これを政治権力の「零和概念／非零和概念」の区別を立てることで、より明確に主張した。

「零和（zero-sum）」とは、たとえば、麻雀といったギャンブルのように、誰かがプラスになっていれば、他の誰かがマイナスになって、合計すれば、和はゼロになることを指す。ゆえに、権力の零和概念とは、政治権力が服従者からの利益の収奪によって成り立つというものである。

一方、政治権力が社会全体としてはプラスの利益を生んでいるという見方に立つのが「非零和（non zero-sum）」概念である。

政治学界では多くの場合、権力は必要悪であり、権力行使を必要最小限に抑えるべきという志向を持っていた。これは「零和概念」に近いものがある。これに対して、パーソンズは権力の社会的効用に着目し、「非零和概念」を提示したのであった。

◆◆ アーレントの権力論

アーレント※は、パーソンズのように権力の社会的機能に注目して、「権力（power）」と「暴力（violence）」を区別したオリジナルな権力論を展開した。アーレントによれば、権力とは、集合体の力を運用する能力であり、合意に基づいて他人と協力して行動する能力であるとする。したがって、権力者とは、一定数の国民の名において行動できる人物を指すのであり、有無を言わせず自己の意思を貫徹できる人物のことではない、という。

その意味において、権力は、自由を抑制する暴力とは全く異質であり、権力こそ、自由を可能にする公的空間を生み出し、それを支える手段に他ならないとされる。ゆえに、アーレントは、「銃身」に象徴される武器一般から生まれるのは暴力であって、権力ではないと主張するのである。

アーレント

※ Hannah Arendt（1906〜1975）。ドイツ出身の政治哲学者。ナチス台頭後フランスに亡命。第二次大戦勃発後、アメリカに亡命。『全体主義の起原』『エルサレムのアイヒマン』ほか著書多数。シカゴ大学、ニュースクール大学教授。

第**3**節 支配の正当性

ウェーバーの３つの類型

政治権力が実効性を持つか否かのポイントは、強制力にある。しかしながら、権力を有する人間が常に強制力を振りかざし、行使しなければ誰も服従しないというようでは、政治社会は極めて不安定なものとなる。

そこで、政治権力の保持者は、服従者が政治的決定を正当なものとして認め、自発的に、これを受け入れる状態に置きたいと思うようになる。このように自然的承認によって得ることができた権力は、権威として受け入れられたことになる。この状態をウェーバー※は「支配」と呼び、次の３つに類型化している。

（1）合法的支配

合法的支配は、正当な手続きで定められた法律や規則によって、合法的に支配されていることを指す。つまり、特定の人物に対して服従するのではなく、制定された一定のルールに服従するとの意識が持たれる。近代国家の多くは、このタイプで、自分たちが選挙によって選んだ代表者が決めたルールだから従う、あるいは、法律や規則に基づく命令だから誰の命令であれ従うといったようなパターンである。したがって、支配する側も、何らかのルールによって確定された権限内でしか、権力を行使することができない。

（2）伝統的支配

伝統的支配は、伝統や習慣、先例を重んじる社会に見られる。すなわち、支配者の有する伝統的な権威を永遠、不変のものと見なし、自発的、自然的に支配者に服従するものである。伝統や習慣、先例が価値判断の中心にあり、支配者は、血統や家系に基づく王位継承のように、伝統的に定められた方法に従って、その地位に就くことが多い。これは前近代社会における特徴的なパターンであったが、現代社会においてもたとえば、代々続く王家のある中東の国々において見られる。

（3）カリスマ的支配

「カリスマ的支配」は、カリスマ性を有する超人的、超自然的リーダーに、人々が服従するというタイプをいう。ウェーバーは、呪術的能力、英雄性、弁舌力といったさまざまなものから、カリスマ性は生じると考えており、代表例としては、預言者、軍事的英雄、民衆扇動家などが挙

ウェーバー

※ Max Weber（1864～1920）。ドイツの社会学者、政治学者。フライブルク大学、ハイデルベルク大学教授を歴任。『支配の社会学』『プロテスタンティズムの倫理と資本主義の精神』ほか著者多数。講演録『職業としての政治』も著名。

げられる。ウェーバー没後のドイツに現れたヒトラーも、これに該当するだろう。しかも、カリスマ性は、最初は支配者個人にあっても、権力継承の必要性が出てくれば、血統を通じて子孫や身内に受け継がれる場合がある。もちろん、そのまま服従者に認められるとは限らないが、認められれば支配が安定的となる。

(4) 理念型と実際

これら3つの類型は、理論的に純粋な類型として考えられたもので、ウェーバーのいう「理念型」である。ただし実際には、3つのいずれかに入るというよりは「混合型」すなわち組み合わせのパターンが重複するケースも大いにある。たとえば日本の場合、明治政府は「伝統的」要素を有する「万世一系（ばんせいいっけい）」の天皇家について、憲法※を制定して「合法的」要素を整えると同時に、天皇を「現人神（あらひとがみ）」として神格化することによって「カリスマ的」要素を持たせたと見ることができる。

第4節 権力とリーダーシップ

◆◆ リーダーシップの源泉

政治学において、権力と併（あわ）せて重要視されるのがリーダーシップである。では、リーダーシップは、権力と何が違うのであろうか。

権力の場合、権力者が服従者に及ぼす影響力の源泉は、強制力と権威にあるとされる。これに対してリーダーシップは、非強制的要素がポイントであり、リーダーに構成員が自発的に協力するという力をリーダーシップと呼ぶ。それは、相手が上司だから、上官だから従うという単純なものではない。

社会学においては、以下のように分けている。

> 自発的な支持によるものをリーダーシップ（leadership）
> 地位によるものをヘッドシップ（headship）

加えて、一般に、一定範囲の人々を一定の目標に向かって統合し、方向性を見出（みいだ）していく作用をリーダーシップというが、政治の場におけるそれを「政治的リーダーシップ（political leadership）」と呼ぶ。

◆◆ リーダーとフォロワー

影響力を行使する側（リーダー・leader）が、これに従う側（フォロワー・follower）のことを考えずに一方的に命令し、半ば無理やりに服従させようとしても、相手をリー

※ 大日本帝国憲法（1889年公布、1890年施行）の第1条に、「大日本帝国ハ万世一系ノ天皇之ヲ統治ス（だいにっぽんていこくはばんせいいっけいのてんのうこれをとうちす）」、同じく第3条に、「天皇ハ神聖ニシテ侵スヘカラス（てんのうはしんせいにしておかすべからず）」とある。

ドすることはできない。リーダーとフォロワーとの間には相互作用があり、フォロワーも、リーダーに対して影響力を及ぼしているからである。その意味で、リーダーシップ論は、「権力の関係概念」（⇒本章・第1節）に近いものがある。

　だが、そこには違いもある。権力論では主に服従者の意思に反して強制するというように、利益が対立、あるいは異なっている場合が想定される。これに対し、リーダーシップ論は、リーダーとフォロワーとの間で、同一目標に向かっての協力的関係が存在し得ることを、認めている。ただ、理論的には一応、こうした分け方ができても、実際には政治的リーダーシップにも強制的要素が含まれていることも多く、理論通りにはいかない。

◆◆リーダーシップの特性理論と状況理論

（1）特性理論と状況理論

　政治をつかさどるリーダーとは、どうあるべきなのか。これは昔からさまざまなことが論じられてきた。そこには、リーダーたるものに求められる特性を追求しようとする志向性があった。これを「特性理論」という。リーダーシップをリーダー個人に焦点を当てて検討し、リーダーとしての責任を果たして、その地位にふさわしいパーソナリティを有しているかどうかを扱うものである。

　一方、リーダーは、その国、あるいは、時代・社会状況によってもタイプは異なる。これが「状況理論」と呼ばれるもので、リーダーの置かれた環境に基づいて分析するものである。

（2）リーダーシップの「関数」

　しかしながら、リーダーシップ現象のすべてを、特性理論か状況理論かの、一方だけで説明しつ尽くすことは不可能であろう。リーダーシップの効果は、その集団が目標を達成する程度（生産性）と、集団の成員を満足させ、集団の結束を維持・強化する程度（凝集性）で示されるが、それは、リーダーの特性と状況の2つによって決まる。リーダーシップの効果は、特性と状況の関数であるといわれるのは、この意味である。

◆◆リーダーシップの類型 ── アメリカと日本、時代と社会状況の違い

　リーダーシップに関する研究としては、ホワイトとリピットによる「アイオワ研究」※と呼ばれる実験が、つとに知られている。

　そこでは、①活動方針を始めとする一切をリーダーが決めて、手順も一方的に命令し、理由すら説明しないという「専制的リーダーシップ」、②方向性を集団内の討議で決定し、何ごとも納得の上で進められ、リーダーは、激励と技術

　※ 社会心理学者レヴィン（Kurt Z. Lewin, 1890～1947）の指導のもと、アイオワ大学のリピット（Ronald Lippitt, 1914～1986）、ホワイト（Ralph K. White, 1907～2007）が行なった実験に基づく。

的アドバイスを与えるという「民主的リーダーシップ」、③すべてを成員に任せてリーダーは基本的に関与しないという「自由放任的リーダーシップ」の3つに分類された。

ホワイトとリピットは、このようなタイプを設定した上で、それぞれのリーダーの下で少年たちに作業をさせるという実験を試みた。

自由放任的リーダーシップでは、作業量が少なく出来栄えも悪く、成員は遊びがちであり、専制的リーダーシップでは、作業量こそ多かったものの不平不満が生じ一体感がなく、創造性に乏しいという結果が出た。

これに対し、民主的リーダーシップは、作業量も少なくなく成員全体が円満で、しかも、独創性にも長けていたという。アメリカでは民主的リーダーシップが好まれるということだろう。

ところが、同じような実験を日本で行なったところ、結果は多少、違っていた。作業量こそ民主的リーダーシップの方が多かったものの、質的には専制的リーダーシップの方が優れていたのである。すなわち、その国によって、時代・社会状況によって、あるいは政治文化によって、求められるリーダーが異なるということである。

◆◆ 政治的リーダーシップの類型

リーダーは政治社会の置かれている様相に応じて、そのスタイルを変化させる。そこで、これまで、いくつかの類型を立てる試みが行なわれてきた。よく知られているものとしては次の類型である。

第一は「伝統的リーダーシップ」である。これは習慣や伝統的形式に則って集団を統括していく型である。

第二は「代表的リーダーシップ」で、大衆の利益を代表するのがリーダーの責任であるとされる。

第三は「投機的リーダーシップ」である。大衆の欲求を投機的に満たしていくもので、その場しのぎのように矛盾した公約を濫発し、戦争に欲求不満の捌け口を求めていくというのが、例として挙げられる。ナチス・ドイツを率いたヒトラーが、その典型であろう。

第四は「創造的リーダーシップ」で、既存のものとは異なる新たなビジョンを示して大衆の支持を集めるというタイプである。

[丹羽文生・加藤秀治郎]

第2章

政治思想と政治意識

═══ ☙ **本章のキーワード** ❧ ═══

- ☐ 政治思想
- ☐ 価値の権威的配分
- ☐ イデオロギー
- ☐ 政治的態度
- ☐ 政治的無関心

- ☐ 政治的有効性感覚
- ☐ アイデンティティ政治
- ☐ 政治的社会化
- ☐ 社会関係資本
- ☐ 政治文化

第1節 政治思想

政治と理念

あらゆる人間の営みがそうであるように、政治過程における現象は、何らかの価値や規範、すなわち理念を体現している。言語活動においてはとりわけ顕著である。こうした価値規範は、政治思想と呼ばれる。その作用に注目する際にはイデオロギーともいう。思想の中でも、より抽象的なものについては哲学、より具体的なものは信条や意見などと呼ばれる。

政治思想の対象

伝統的な政治思想は、統治機構の構成や意思決定の方法に関わるものを主要な検討対象としてきた。第1章で見たような権力論や、第4章で取り上げる民主主義論の領域がこれにあたる。

しかし、公的な意思決定は、それ自体だけが目的なのではない。イーストン※

※ David Easton（1917～2014）。アメリカの政治学者。シカゴ大学名誉教授。

（⇒第15章・第3節）は、政治とは「社 会 に 対 す る 価 値 の 権 威 的 配 分」
authoritative allocation of values for society
であると述べた。

　政治は、単に権力を獲得して統治を行なうだけが目的なのではなく、経済的・
文化的資源の配分や、社会で許されるふるまいなど、人々の間の望ましい社会
関係をデザインするために行なわれるのである。それゆえ、広義の政治思想は、
一般に、経済思想、社会思想と呼ばれるものを含む。こうしたものは、行政学
においては特に政策規範と呼ばれる。自由主義や社会主義など、価値の配分に
関わる近現代の主要な思想の内容については、**第3章**において詳しく扱う。

第2節　イデオロギー

◆◆2つの用法

　日常生活では、「あの人はイデオロギー的だ」というような言い方がなされる
が、それは、"偏った政治的思想"というほどの意味であろう。

　イデオロギーは、学問的には「観念形態」などと堅苦しく訳されるが、人間
の行動を左右する根本的な考え方、特にその体系だったものをいう。

　政治・経済・社会を統一的に捉える理論という意味もある。「既成の観念に拘
束されずに現実を批判的に見るには、イデオロギーが必要だ」などという場合は、
この肯定的な意味である。

　逆に、否定的な用法もある。個人や集団の理論・思想が、現実の利害関係に
よって制約されている面を強調する場合がそれである。「資本家は資本家に都合
の良い考え方をする」などという場合がそうである。資本主義イデオロギーの
批判では、マルクス※が有名である。

◆◆マルクスの「虚偽意識」

　マルクスは、経済的基盤（「土台」）を社会の下
部構造とみなし、それ以外の生活領域や統治権力を
「上 部 構 造」と考えた（土台－上部構造論）。

　そして、土台が上部構造のあり方に反映し、これを規定
するとした。人々の意識形態は上部構造であるから、その
社会の土台である経済的関係によって規定される。したが
って資本主義社会では、人々の意識は、資本主義の存続に

マルクス

※ Karl Marx（1818～1883）。ドイツ出身の思想家。主著『資本論』は、世界の政治・経済・社会・文化に大きな影響を与えた。

とって都合の良いものになっているとされる(⇒第3章・第3節)。

このように、それぞれのイデオロギーは、経済的な階 級 構造の下での「支 配 階 級」の支配を普遍的な物のように見せかけ、現実の矛盾を覆い隠す「虚 偽 意 識」とされる。したがって、支配的イデオロギーは、つねに支配階級にとって都合の良いイデオロギーということになる。他方、対抗する勢力にとっては、支配的イデオロギーの虚偽性を暴いていくのが重要な課題とされる。その戦いをイデオロギー闘争という。

なおマルクスは、自分の理論も(労働者階級による支配を目指した)イデオロギーであることを認めていたが、それでも自分の理論は歴史の発展段階や現実を正確に反映した「科学」であると考え、第3章で見るように、真の「社会主義」である共産主義を目指す自分の理論を「科学的社会主義」と呼んだ。

マンハイムの「存在拘束性」

マルクスの説を批判的に継承したのはマンハイム[※]である。マンハイムは、イデオロギーを体系的に解釈する学問を「知 識 社 会 学」と呼んで、研究を進めた。彼は、すべての人の知識が、階級だけでなく、その人の属する社会集団内で占めている位置、立場や、その人が置かれている社会的条件などの「存 在 に よ っ て 規 定 さ れ る も の」であるとした。「存在拘束性」(または「存在被拘束性」)とも訳される。

マンハイム

そして、存在による拘束を受けたすべての思想をイデオロギーと呼び、普遍的な妥当性を有する思想ではありえないとした。その意味で、マンハイムは、イデオロギーであることを免れないマルクスの理論に対しても、その科学としての普遍妥当性に疑問を投げかけたといえる。

そう考えると、どの思想もイデオロギー的であって、何が真理なのかわからなくなる。しかしマンハイムは、人が自身の存在被拘束性を認めることができれば、その完全な拘束から脱し、より客観的な認識へと進むことができると考えた。マンハイムはこれを「自 由 に 浮 遊 す る 知 識 人」と呼んだ。イデオロギーの束縛を受けずに自由に考察する役割を知識人に期待したのである。

イデオロギーの政治的機能

イデオロギーは主に、次のような機能を果たすと考えられる。まず、支配者と被支配者の間で、同じようなイデオロギーが共有されている場合、イデオロギーはその支配に正統性を付与するので、社会統治を安定化させる役割を果た

※ Karl Mannheim(1893〜1947)。ハンガリー出身の社会学者。著書に『イデオロギーとユートピア』など。

す。なお、単一のイデオロギーによる統治をイデオクラシー^{ideocracy}という。

　逆に、被支配者の間に、別のイデオロギーが広まることもある。その場合、対抗イデオロギーとして、現状に代わる全体的ヴィジョン（マンハイムは「ユートピア^{utopia}」と呼んだ）が提示され、社会変革に寄与することもある。対抗勢力は、人々に既存の支配的イデオロギーとは別のイデオロギーを吹き込まなければならないので、政治宣伝を重視する。

◆▶◆ イデオロギーの終焉？

　現在でも、イデオロギー宣伝は、間接的なものを含めて盛んに行なわれている。しかし、先進社会では政治的党派の対立は、もはやイデオロギー的な対立ではなくなり、具体的な政策レベルの争いとなっているという議論もなされてきている。

　有名なのは、ベル※の「イデオロギーの終焉^{しゅうえん／end}」論である。1950年代に、アメリカを中心とする「冷戦」(⇒第11章・第8節)下、「西側」諸国が豊かな社会になり、繁栄やおおむねの完全雇用が実現した結果、現代社会はマルクスの説くような経済的階級対立では捉えられなくなったとした。また、かつてのファシズムのような強硬なイデオロギーも人々を引きつけなくなった、と説いた。

　また、アロン※※らは、「西側」の自由民主主義体制と「東側」の共産主義体制の相違は、世界観の違いというよりも、豊かさの追求手段の違いであって、やがて両体制は収斂^{しゅうれん}していくという、「体制収斂論」を説いた。これもイデオロギーの役割が低下したことを説くもので、イデオロギーの終焉論である。

　冷戦の終焉によって、近代政治思想に基づいた従来型の政治的イデオロギーの果たす役割はより低下したとの見方もあるが、「勝者」となった側の価値観である自由民主主義の正統性を今後どう保っていくのかという問題は残されている。

　また、宗教、文化、民族など、さまざまな価値体系の重要性が一段と増している。イスラム教世界の一部では、宗教意識が大々的に復活し、政治的に重要な役割を果たすようになった。これに対して、自由民主主義国や、その中のキリスト教勢力の側が、どのように価値体系の宣伝や修正を図るのかも、今世紀の大きな課題となっている。

第3節 政治的態度・政治意識

　現代政治学でも、人々の理念や思想は分析の対象とされてきた。政治的態度^{political attitude}とは、人々が政治一般や特定の政治問題に対して持つ、ものの見

※ Daniel Bell (1919〜2011)。アメリカの社会学者。ハーバード大学名誉教授。両親はロシア移民。
※※ Raymond C.F. Aron(1905〜1983)。フランスの社会学者、ジャーナリスト。コレージュ・ド・フランス教授。

方・考え方、行動の仕方をいう。政治的信条や意見などと、政治的行動の双方が含まれる。日本では「政治意識」ともいう。

政治的意見の変化とアイゼンクの図式

政治的信条や意見の構造では、アイゼンク※のモデルが有名である（**図表2-1**）。アイゼンクは、多くの政治問題についての意見を統計的手法で分析し、2つの主要な軸を抽出した。1つは、「保守的か急進的か」という政治的信条の軸である。

もう1つは心理学的な軸であり、「硬い心」と「柔らかい心」を分けるパーソナリティの軸である。規律や上下関係に厳しい権威主義的なタイプか、それとも柔軟なタイプかぐらいの意味で考えておくとよい。

政治的立場を大きく変えることを「転向」というが、これは、政治的に近いとされる立場への転向よりも、ファシズムから共産主義への転向とか、逆に共産主義からファシズムへの転向のように、当時正反対と見なされた立場へと急激に変化するケースが多かったことによる呼び名である（⇒第3章・第3節）。

この現象も、アイゼンクの図式でよく説明できる。「保守‐急進」といった政治的意見は、いろいろな体験や大小の事件の影響などで変化し得るが、パーソナリティーは変化しにくいので、起りやすい転向のパターンはおのずと決まってくる。

つまり、**図表2-1**でいうと、水平的な変化が多く、垂直的な変化は少ないということである。ただし、実際の事例においては、短期的利害、あるいは時間の経過によって、垂直的な変化が示されることもある。

[図表2-1] アイゼンクの図式

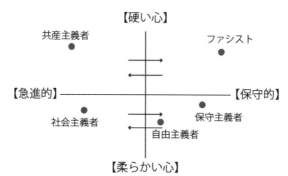

〔出典〕永井陽之助「政治意識」（篠原一・永井陽之助編『現代政治学入門』有斐閣、1965年）、p.32を参考に作成。

※ Hans J.Eysenck（1916～1997）。ドイツの心理学者。

14

◆◆政治的無関心

政治的態度についての、現代社会で重要な問題として、政治的無関心がある。_{political apathy}

(1) ラスウェルの分類

政治的無関心について、ラスウェル(⇒第1章・第1節)は次のような3つの分類を立てた。

第一は、かつては政治に関与したものの、自己の期待を充足できず、政治に幻滅を感じ、政治に関心を示さなくなる場合で、これを脱政治的態度という。

第二は、商売・芸術・宗教・恋愛など、他のことに関心を奪われ、政治に対する関心が低下する場合で、これを無政治的態度という。

第三は、政治そのものを軽蔑したり、否定する場合で、これを反政治的態度という。

(2) リースマンの分類

一方、リースマン※は、現代の政治的無関心を伝統的社会のそれと対比させた。

前近代社会では、身分に基づいて特定の少数者が統治を行なうものと考えられていたので、庶民は政治とは無縁で、一般に政治には関心を持たなかった。このような状態を、伝統志向型の人間による伝統型無関心という。

これに対して、現代の大衆社会に特徴的とされる政治的無関心は、政治に対して冷淡な態度である。政治について知識や情報を持っていないわけではないが、政治に関連することについて主体的行動を起こす気持ちがなくなっている状態である。自分の政治的権利あるいは責任を知りながら、それを果たすには至らない。こういった非行動的で傍観者的な態度を現代型無関心という。価値観が多様化し目的意識が持てない、情報がありすぎる、有権者が消費者化しているといった色々な背景がある。

このように、時代によって無関心の型は異なるが、先進国にも伝統型無関心が見られないわけではない。特に急激な社会変動を経て、社会状況が一変した高度成長期以降の日本では、高齢者に伝統型無関心が残っていると言われてきた。

また、現代日本においては、社会階層による価値意識や将来展望の固定化が進む中で、若年者にも見られるかもしれない。これは日本に限ったことではなく、社会の階層性が強いイギリスなど他の先進国でも、元々見られた現象である。

◆◆政治的疎外と政治的有効性感覚

政治的無関心については、一定の範囲でそれを容認する議論もある。つまり、政治の現状を大枠で肯定した上でそれを放置しているだけであり、逆に人々は、

※ David Riesman (1909～2002)。アメリカの社会学者。ハーバード大学教授。主著に『孤独な群衆』。

自身にとって好ましくない統治形態や政策が登場する可能性が出てきたら、それを阻止するために関与しはじめるかもしれない。そういう性質のものなら別に問題はない、というような議論である。

　しかし、度を超えて無力感が蔓延<ruby>蔓延<rt>まんえん</rt></ruby>すると、民主主義の弱体化をもたらすおそれもある。既存の政治体系に参画することの有効性を感じられない状態を、「政治的疎外（political alienation）」という。そのような問題意識から、有権者に「政治的有効性感覚（political efficacy）」を持たせられるような意思決定の方法や政策の方向性が追求されてきた。

◆◆ 政治参加論

　さらに、ペイトマン※は、統治機構や選挙への参加だけでなく、身近な地域社会や、職場での決定機会に直接参加することの意義を説いた。すなわち、参加（participation）を通じて、人々は帰属意識を持ち、また、結果への影響を与える経験を通じて、政治的有効性感覚を満たせるようになるとした。

◆◆ 脱物質主義とアイデンティティ政治

　また、イングルハート※※は、1970年代の先進国においては、身の安全や経済的な繁栄といった物質的価値観から、生活の質や自己実現の要求といった、脱物質的価値観（post-materialist）への意識の変化が認められるとし、それを「静かなる革命（silent revolution）」と呼んだ。これは、近代社会において主流であった物質的充足要求とは異なる問題意識に基づく、新たな政治参加の志向が人々の間で高まることを予測するものでもあった。

　20世紀後半に、ヨーロッパの「緑の党」などの環境政党や、日本の「生活者」運動などの新たな社会運動が台頭してきたり、性差、人種、民族、宗教などに基づく問題に当事者たちが焦点を当てるアイデンティティ政治（identity politics）の傾向が強まったのは、こうした意識の変化に対応するものだと解釈され得る。ただし、人々が物質的充足の必要性を感じなくなったわけではない。

第4節　政治的社会化

　人はそれぞれの生活環境の中で、その人なりの政治についての考え方、政治行動のパターンを身につけていく。これを「政治的社会化（political socialization）」という。各人の政治的信条や意見、さらには政治的態度の全体像は、政治的社会化によって形成される。

※　Carole Pateman（1940～　）。イギリス出身の政治学者。カリフォルニア大学ロサンゼルス校（UCLA）名誉教授。
※※　Ronald F. Inglehart（1934～　）。アメリカの政治学者。ミシガン大学教授。

◆▬◆ 政治的社会化の担い手

　政治的社会化は、さまざまな担い手によって行なわれる。家族、仲間集団、学校、職場、メディア空間などが主要なものである。家族による社会化は、しつけにはじまり、親の意見や行動に影響されたりそれに反発したりしながら進んでいく。成長するにつれ次第に、社会化は家族の枠を超えて広がっていく。学校では、公式で、体系的な社会化を受ける。

　地域社会、学校、職場、その他あらゆるところでは仲間集団ができる。仲間集団では、メンバーがお互いに影響を及ぼす。近代社会では、これにマスメディアが加わる。現代社会では、マスメディアは近代社会においてよりもさらに大きな影響を人々に及ぼすようになっているし、その他各種メディアも発達している。

◆▬◆ 政治的社会化の機能

　どんな政治権力も正統性（legitimacy）を欠いたままでは安定しないが、人々が現存の政治体系を適切なものとみなすか否かも、政治的社会化のありようによって大きく左右される。イーストン（⇒本章・第1節）によれば、政治体系（system）（⇒第15章・第3節）が存続するには、ある程度、国民がその政治体系を一般的に支持している必要があるが、しつけ、教育、情報提供などによって、そのような態度を国民に広めるのが政治的社会化である。

　また、パットナム※は、政治過程の効果的な運用を支えているのは、社会の諸集団における人間関係が生み出す信頼やネットワークであることを明らかにし、これを「社会関係資本（social capital）」と呼んでいる。

　なお、資本主義国家における政治的社会化を、「国家のイデオロギー装置（Ideological state apparatuses）」と呼んで批判したアルチュセール※※のような議論もある。

第5節　政治文化

◆▬◆ 政治文化の概念

　それぞれの社会では、かなり一般的に共通の価値観、行動様式、生活様式がみられることがある。これを学術用語で「文化（culture）」という。たとえば、日本人は年齢の上下を気にすると言われるが、これは、日本社会や言語空間において年齢差が重要な意味を持っているからである。このような一般の文化の、政治

　※　Robert D.Putnam（1940 ～ ）。アメリカの政治学者。ハーバード大学教授。
　※※　Louis P. Althusser（1918 ～ 1990）。フランスの哲学者。マルクス研究で著名。

に関連する側面を「政治文化」という。政治社会の構成員に一般的にみられる価値観・行動様式のことである。

　政治的態度・政治意識が、個人の信条・意見や行動のことを指すのに対し、政治文化は、国や集団の次元についていわれ、その成立過程や、政治過程における作用が問題とされる。日本の政界にはかつては高齢者が特に多く、今でもその側面が強いが、これも政治文化の作用として説明されることがある。

　政治文化は、政治的社会化によって次世代にも継承されうる。政治的社会化を「政治文化への誘導プロセス」と定義することもあるが、それはこの側面を強調したものである。政治文化研究に対しては、ある国や地域の文化を固定的なものとして扱いがちであるという批判もあった。しかし、文化の変容を明らかにした研究も多い。

政治文化の比較研究 ── 3つの類型から

　政治文化研究では、アーモンド※と、ヴァーバ※※（⇒第8章・第6節）による類型が有名である。ある政治社会の構成員が一般的に政治に対してどのような態度を持っているかを調べ、その主要な型を捉えていくものである。

　たとえば大半の国民が、政府の命令には従わなければならないと考え、政府の言うことに関心を示すものの、自分からは政治的要求をしない国がある。逆に、政治に積極的に関与していく国民の多い国もある。アーモンドらは、政治文化について3つの類型を立てている（図表2-2）。

　第一は「未分化型（地方型）」である。この型では、狭い地域社会で自給自足的な暮らしをしているので、中央政府に目が向かない面がある。また、前近代社会などでは、政治的、経済的、社会的役割が分化しておらず、専門的な政治制度や役職も未分化であり、政治的対象に明確な関心がもたれることが少なかった。

　第二は「臣民型」である。この型では、人々は政府の権威を明確に認識しており、政府の下す決定（出力）には関心を向けるものの、自分を積極的な参加者とは考えないので、政策決定過程（入力）には関心がなく、受動的である。第二次大戦期以前のドイツや日本はこれに近いとされる。

[図表2-2]　政治文化の類型

	例	関　　心
未分化型	発展途上国	なし（入力、出力とも）
臣民型	戦前の日独	出力のみ。入力については消極的
参加型	英・米	入力、出力ともに関心

（注）理解しやすいように、単純化してある

[出典]加藤秀治郎ほか『新版 政治学の基礎』（一藝社、2002）

　※　Gabriel A. Almond（1911〜2002）。アメリカの政治学者。スタンフォード大学名誉教授。
　※※　Sidney Verba（1932〜2019）。アメリカの政治学者。ハーバード大学教授。

第三は「参加型^{participant}」である。ここでは、人々は政治体系の出力だけでなく、入力にも関心を持ち、積極的に要求したり、考えの近い政党や政治家を支持していく。

アーモンドらは、民主政治の安定には、これらの型、特に参加型と臣民型がほどよく混合された状態がよいと考え、それを市民文化^{civic culture}と呼んだ。イギリスやアメリカがそれにあたるとされる。

◆◆ 日本の政治文化の研究

日本の政治文化については、アーモンドとヴァーバの実証主義的、かつ質的な研究手法と類似のものとして、中村菊男らの『現代日本の政治文化』(1975)がある。ベネディクト※の『菊と刀(The Chrysanthemum and the Sword , 1946)』、中根千枝の『タテ社会の人間関係——単一社会の理論』(1970)など文化人類学者による日本社会研究や、精神分析学者・土居健郎の『「甘え」の構造』(1971)なども、政治文化の研究に含まれる。

また、哲学、思想史学など、規範的な観点からの研究も非常に多い。日本政治思想史研究者の丸山眞男※※は、第二次大戦期以前の日本の統治者たちの精神構造を分析し、当時の政治体系が全体として「無責任の体系」となったメカニズムを解明し、それを批判した。

このほか、日本政党史研究に近い手法で同時代の政治を観察したものとして、自民党の長期政権の秘密を探ったベアワルド※※※の『日本人と政治文化(Japan's Parliament, 1974)』や、日本独特の「システム」が社会の隅々まで支配し、自由民主主義国とはいえないとする、ウォルフレン※※※※の『日本／権力構造の謎(The Enigma of Japanese Power, 1989)』などもある。

戦後初期の政治文化論においては、欧米と比べて日本の政治文化が遅れているのでその点を克服しなければならないという問題意識が特に強かった。また、その際の分析枠組みとしては、日本の政治文化は特殊・異質であるとするものが大半であった。しかし、現在では、比較可能なものであることを前提に分析する研究も多い。

[吉田龍太郎]

※ Ruth Benedict (1887〜1948)。アメリカの文化人類学者。コロンビア大学教授。著書『菊と刀』は、第二次大戦中の対日情報戦略に基づく研究で、戦後の占領政策にも影響を与えたとされる。
※※ 1914〜1996。東大助教授時代に召集され、敗戦を広島市で迎える。戦後、東大教授。著書『現代政治の思想と行動』ほか。
※※※ Hans H. Baerwald (1927〜2010)。アメリカの政治学者。カリフォルニア大学ロサンゼルス校(UCLA)教授。
※※※※ Karel van Wolferen (1941〜)。オランダのジャーナリスト、政治学者。アムステルダム大学教授。

第3章

自由主義と近代政治思想

=== ♪ **本章のキーワード** ♪ ===

- ☐ 消極的自由
- ☐ 積極的自由
- ☐ 保守主義
- ☐ 社会主義
- ☐ 共産主義
- ☐ 国家社会主義

- ☐ 社会的自由主義
- ☐ ネオリベラリズム
- ☐ 正義論
- ☐ リバタリアン
- ☐ コミュニタリアン
- ☐ イギリス理想主義

　本章では、近現代の主要な思想体系について、自由主義との関係に注目しながら概説する。

第1節　自由主義

◆◆ 消極的自由主義 —— ロックとスミス

　自由主義(liberalism)は、個人の所有権や、自己決定権の正統性を（他の思想と比べて）広く認めようとする立場である。

　17世紀末、ロック※が執筆した『統治二論』（『統治に関する2つの論文〔Two Treatises of Government〕』）（⇒第12章・第3節）は、貴族らのプロパティ(property)（固有の財産や役職）を侵害した国王を交代させた議会の決定（名誉革命(Glorious Revolution)）を擁護した。

　ロックは、すべての人間は平等で自立(independent)した存在であり、生命や健康や自由(liberty)や財産(possession)を侵害されないことを自然の権利(rights)として保障されているとする。国家はそうした権利を保護するために存在しているの

ロック

※ John Locke（1632〜1704）。イギリス（イングランド出身）の哲学者。

だから、その目的を逸脱して統治者が権利侵害を行なった場合には、統治者のほうが反逆者^{rebellion}であって、国民には抵抗^{resistance}する権利がある。すなわち、相手がたとえ君主であっても、人が他者から侵害されない自由を認め、それまで（実際には多くあったが）理論的には認められていなかった君主追放という行為をも肯定したことは画期的であった。

自由主義は、私有財産権の保全や商業活動の制約緩和を求める商工業者たちにも広まっていく。18世紀には、「自由放任」を説いたスミス[※]の経済的自由主義も登場する。制約から解放された人間は、それぞれの選好に応じてさまざまな特定の活動をしたりしなかったりする自由を持つ。各人の間の利害は、市場での取引を通じて、神の「見えざる手」によってうまく調整され、その結果すでに社会全体の利益も実現されているという考え方である。

このように、近代初期の自由主義は、政府に対してやや否定的（ネガティブ）な見方をしてきた。すなわち、恣意的な圧迫や干渉をする政府の権力行使を制限すると、各個人が何かをしたり、しなかったりする自由を持ちやすくなると考える。こうした見方は、のちに「消極的自由」と呼ばれる。

なお、ロックやスミスの議論には、その前提として、人間はそもそも放任されていても道徳的で、しかも他者と共感しあうものだという考えがあった。

反対に、19世紀半ば以降の個人主義的自由主義や、1980年代以降に盛んとなった新自由主義においては、他者との共感や協調を強制させられることの危険性が指摘され、より純粋に自由放任が謳われる傾向にある（⇒本章・第4節）。

◆◆ 積極的自由 ── ベンサムの「功利主義」

一方、産業革命による急速な近代化により、都市の人口が拡大し、健康・衛生・治安の問題が深刻化した。自由主義者の中には、自由な個人が、それぞれにとって望ましい状態を実際に実現できるようにするためには、周囲や政府の積極的な介入が必要であるとの立場を取るものも現れる。

個人の幸福を、快楽（喜び）^{pleasure}の大きさと苦痛^{pain}の少なさという基準によって外部から測定し、「最大多数の最大幸福」^{the greatest happiness of the greatest numbers}を目指して対策を施そうとした、ベンサム^{※※}の「功利主義」^{utilitarianism}が有名である。

政府の役割を肯定的（ポジティブ）に捉えるこうした見方は、のちに「積極的自由」^{positive liberty}と呼ばれる。政府の積極的な施策は、当初は教育や衛生政策から始まっていくが、次第に、より広く社会政策や経済政策にまで広がっていく。

ベンサム

※ Adam Smith（1723〜1790）。イギリスの哲学者、経済学者。主著に『国富論』『道徳感情論』など。
※※ Jeremy Bentham（1748〜1832）。イギリスの哲学者、法学者、経済学者。主著に『統治論断片』など。

第2節　保守主義

保守主義は、古くから漠然としたかたちで存在していたが、それに対抗する自由主義の動きに反発する形で、新しい行動や変化を抑制しようとする心情に基づく自覚的な政治思想となった。

革命への反発 ──「近代保守主義の父」バーク

イギリスの清教徒革命では、国王の解任・処刑、君主制の廃止が行なわれたが、革命に反発したフィルマー※は、既存の君主制は聖書に書かれている古代からの極めて自然な秩序であり、統治を受ける側はそれを素直に受け入れるべきであると主張した。フィルマーの説は生前には支持されなかったが、のちの王政復古後、世襲の王位継承を擁護するために用いられた。

近代保守主義の最も有名な書物とされるのが、バーク※※が記した『フランス革命の省察(*Reflections on the Revolution in France*, 1790)』である。バークは、名誉革命の歴史を誇りとし、アメリカ独立にも賛成した自由主義者であったが、フランス革命については、国王処刑が行き過ぎであることや、革命の支持者たちの教育・文化水準の低さを指摘して猛烈に批判した。

さらには、長く続いてきたものにはそれなりの意味があること、人間の知恵には限界があること等を理由に、そもそも急激な社会変革や破壊は慎むべきであると述べた。バークは、今では「近代保守主義の父」として知られる(⇒第5章・第1節)。

バーク

都市化・産業化による生活様式の世俗化によって自由主義がより盛んとなった後も、それに反発する教会関係者等を中心に保守主義は支持されていった。

保守主義における変化

他方、保守主義は、新たな思想を漸進的あるいは部分的に受け入れてきた。経済の面では、元々は既得権益の擁護と保護貿易が基本であったが、19世紀半ばには自由主義を受け入れ、市場での放任主義や自由貿易を支持するようになった。

その後、社会主義の主張を一部受け容れ、経済計画や福祉政策を行なうこともあった。現在では、個人の生活様式など社会・文化面においても柔軟な立場を示す場面が多く見られるようになっている(⇒本章・第3節)。

※　Robert Filmer（1588〜1653）。イギリスの政治思想家。
※※　Edmund Burke（1729〜1797）。イギリス（アイルランド出身）の政治思想家。

第3節 社会主義

初期の社会主義

個人に対する周囲や国家の積極的な介入を肯定したベンサムも、個人のさまざまな種類の快楽（喜び）が存在することや、市場での自由競争が行なわれることを当然視していた。

オーウェン

しかし、ベンサムの弟子のオーウェン※のように、人間の生活のあり方を個人の自由や市場における選択に任せるのではなく、より特定の行動様式を優先的に実現できるようにしたり、それを共同で推奨できるようにしようとする動きが現われた。

産業都市の工場労働者たちの経済・健康・衛生面の悲惨な状態に心を痛めたオーウェンは、自らの経営する工場で、善（よ）い勤労・生活習慣を身につけるための教育、地域社会の連帯意識の涵養（かんよう）、住宅資金や老後資金の積み立てなどを行なった。オーウェンはこうした活動こそが、新しい、正しい社会（society）のあり方であると考えた。

フーリエ

世襲財産や市場での成功とは異なる各人本来の能力に応じた社会秩序を求めたサン＝シモン※※、地域共同体建設を試みたフーリエ※※※など、フランスの思想家も同様の問題意識を持っていた。

共産主義——「プロレタリア独裁」という思想

オーウェンの社会主義の実態は、工場の私的所有を維持した上で、経営者である彼が労働者たちに温情を与えるというものであった。

マルクス

その後、ドイツに登場し、イギリスで活動したマルクス（⇒第2章・第2節）とエンゲルス※※※※は、初期の社会主義は、理想社会を願望したり、自分の所有地で実践するだけの「空想社会主義」にすぎないとして批判した。私的所有に対する問題意識や、政治運動を行なう意欲が欠けているというのである。

マルクスらは、私的所有権や市場における契約の自由

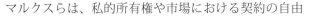

※　Robert Owen（1771〜1858）。イギリスの実業家、社会主義者。労働組合の設立に尽力。
※※　Henri de Saint-Simon（1760〜1825）。フランスの思想家。貴族出身の社会主義者。
※※※　Francois Fourier（1772〜1837）。フランスの哲学者。空想社会主義者として批判されたが、20世紀に入り再評価。
※※※※　Friedrich Engels（1820〜1895）。ドイツの思想家。盟友マルクス没後も活動を続け、労働運動に大きな影響を与えた。

が、労働者の可処分財産や行動の自由を増大させることなく、逆に、資本家階級による労働者階級の搾取を招いたとして糾弾した。この問題点を解決するためには、工場や土地などの「生産手段」を社会全体で共有する「社会化」を実施する必要があり、それをする気があるのは「共産主義者」だけであるとする。

エンゲルス

　なお、生産手段以外の財については私的所有が認められるはずであるが、その範囲は不明瞭である。生活のあらゆる側面を「生産」活動と位置付けて、労働の美徳を説く思想統制が行なわれることも多い。また、生産手段の社会化に反対する者については、すべての私有財産や生存権を侵害されてしまう場合もあり得る。

　こうした変革は、資本家による生産手段の独占の後に、労働者階級による革命によって実現するとされる。資本家階級を一掃するまでは、共産党による一党支配

レーニン

（プロレタリア独裁）が許容される。真の共産主義社会が到来すれば共産党の存在も必要なくなるとされていたが、それが適用された例はない。

　のち、ロシアの革命家レーニン※は、より意図的に暴力革命を実行に移し、実際に政権を獲得した。レーニンの建国したソビエト連邦における共産党支配は、プロレタリア独裁の典型とされる。なお、中国やベトナムのように、便宜的に企業の私的所有や市場経済を認めるようになった共産主義国家もある。

[図表3-1] 自由主義と近代政治思想の推移

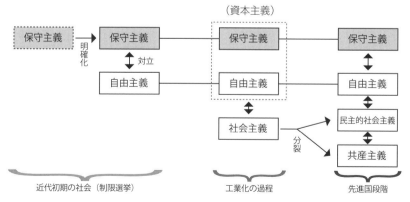

[出典] 加藤秀治郎ほか『新版 政治学の基礎』(一藝社、2002)

※　AVladimir I.Lenin（1870～1924）。帝政ロシア崩壊後、世界史上初の社会主義国家であるソ連（ソビエト社会主義共和国連邦）を建国、指導者となる。

◆◆ 社会主義と民主社会主義

　マルクスとエンゲルスによる『共産党宣言(*The Communist Manifesto*, 1848)』は初めイギリスで出版されたが、そのイギリスでは共産主義は広まらず、より自由主義的な側面を残した社会主義が発達した。それは単に社会主義、あるいは、民主社会主義（democratic socialism）などと呼ばれる。

　この社会主義も、工場や農地などの生産手段を社会全体で所有する「社会化」や、政府による経済計画の策定・実施を目指すが、生産活動以外の場面では、個人の私的所有権や消費生活の自由を否定しないことを強調する。また、その実現のための手段としては、複数ある政党の1つとして現行の議会政治に参加し、支持獲得を目指す。フェビアン協会（Fabian Society）に集まったウェッブ夫妻※やショー※※らが形成した思想であり、イギリス労働党（Labour Party）によって体現されることとなった。

　ドイツにおいては、より広い意味を含みうる「社会民主主義」（social democracy）という言葉が一般的となった。フランス社会党など、その他のヨーロッパや、各先進諸国、さらには多くの旧植民地の社会主義政党も同様の思想を持つ。日本でも、安部磯雄（あべいそお）※※※らによって19世紀末に取り入れられた。

　結局、生産手段の社会化は一部の産業を除いては実現せず、労働者の待遇改善や、社会政策による所得の再分配など、自由主義市場経済の枠内での修正が主たる成果となった。

　20世紀後半には、イギリス労働党の「第三の道」（Third Way）に見られるように、生産手段の社会化を目指すこと自体を放棄し、多様な経済活動がそれぞれの判断で行なわれる自由主義市場経済を、明示的に受容する社会主義政党も多くなった。

「第三の道」を訴えたイギリス首相ブレア (1998)
労働党党首ブレア (TonyBlair, 1953～) は1997年、総選挙で勝利し、18年ぶりに労働党政権を誕生させた (2007年まで在任、労働党政権は2010年まで継続)。

◆◆ 国家社会主義とファシズム

　社会主義者や共産主義者が目指す経済の「社会化」は、生産手段を社会全体で共有することであるが、それは大抵の場合「国営化」を意味する。これを国有社会主義（state socialism）などという（元々は、こちらに「国家社会主義」という訳語が使われていたが、これは後述の「national socialism」の訳語とされるようになった）。

　国家の必要性を否定する社会主義運動としてはアナーキズム（anarchism）があるが、政権獲得後にそれを貫ける（つらぬ）のかどうかは定かではない。

　※　Sidney and Beatrice Webb (1859～1947／1858～1943)。共にイギリスの社会学者、活動家。フェビアン協会で知り合い、結婚。
　※※　George Bernard Shaw (1856～1950)。イギリス (アイルランド出身) の文学者。代表作に、戯曲『ピグマリオン』。
　※※※　1865～1949。同志社卒。早大教授。キリスト教信仰に基づく社会主義を主唱。社会民衆党結成、社会民衆党等の委員長。

このように、社会主義は本来的に国家により大きな役割を与えるものであるが、国家の重要性や民族の伝統の重視をさらに強調するものとして「国家社会主義(国民社会主義)」がある。共産主義革命に反対することを強調するこの思想は、国家主導の近代化や民族意識の涵養を急激に進めたイタリア・ドイツ・日本で支持を拡大し、1920年代から1945年までの間に、最も勢力を伸ばした。

イタリアとドイツでは、軍隊経験とカリスマ性を兼ね備えた指導者を中心とする大衆運動によって政権を獲得した。自由主義市場経済や第一次大戦後の不況によって没落しつつあった中産階級の社会不安や、大戦後の世界を指導したイギリス・アメリカに対する国民の不満を吸収したものであった。

ムッソリーニとヒトラー (1937)
ムッソリーニ(1883~1945)と国家ファシスト党は1924年からイタリアを、ヒトラー(1889~1945)とナチ党は1933年からドイツを独裁支配した。

イタリアではムッソリーニ率いる「国家ファシスト党」が、ドイツではヒトラー率いる「国家社会主義労働者党(ナチ党:ナチス)」が政権を獲得するが、どちらもファシズムと呼ばれることが一般的である。なお、「ファシ」とは、ファッショの複数形で、「いくつもの束」という意味である。

◆◆ 全体主義

ファシズムとナチズムは、本来の社会主義者や国家社会主義者のあり方を踏み超える社会改造を行なった側面がある。私有財産制度を擁護し共産主義に反対することを強調していたが、他方で、精神的な面では、近代の個人主義を全面的に否定し、個人よりも民族共同体の優位を説き、国民を強制的に画一化しようとしたとされる。指導者と国民の一体化を図る「指導者原理」が強調され、さらに、一党支配も行なわれた。

生活の一切において個人の権利や自由な活動を認めず、すべてのものを社会・国家の統制下に置こうとしたこのような思想・運動は、「全体主義」とも呼ばれる。

なお、スターリンの統治に代表されるように、共産党支配下のソ連(ソビエト社会主義共和国連邦)などもこれに似た面があるため、同様に全体主義と言われる(⇒第13章・第3節)。

スターリンを囲む毛沢東たち (1949)
ソ連最高指導者スターリン(1878~1953)の71歳の誕生日を祝う祝典。建国後間もない中華人民共和国共産党主席・中央人民政府主席の毛沢東(1893~1976)、および同盟諸国の元首、ソ連最高幹部たち。

第**4**節 社会的自由主義とそれに対する批判

◆◆新しい自由主義と古典的自由主義 —— ミルからケインズへ

　社会主義者による「社会化」の要求を受けて、政府の役割を重視する積極的自由主義者の中からも、部分的にそれを受け容れる動きが現われた。

　ミル[※]は、個人の自己決定権や市場における自由競争を前提としながらも、人々の間の共同精神の涵養（かんよう）や、所得の再配分の可能性を検討した。

　ホブハウス[※※]は、個人（individual）が人格（personality）を発展（develop）させ、他者との調和（harmony）へと向かうための条件を、政府が積極的に整えることを求めた。こうした主張は、「新しい自由主義（new liberalism）」とか社会的自由主義（social liberalism）などと呼ばれた。

ミル

　その後、20世紀半ばには、補助金や失業対策など政府の財政支出について、市場経済を維持しながら需要（demand）を創出しようとするものであるとして正当化したケインズ[※※※]が、全世界で影響力を持った。

　ケインズの政策は、社会主義者の主張を部分的に取り入れることで、自由主義市場経済への反発を和らげ、共産主義や、ファシズムに対抗しようとするものでもあった（⇒本章・第3節）。

ケインズ

　こうした「社会」的な自由主義に対し、本来の自由主義を逸脱して周囲や政府からの干渉を許すものであると反発する思想家も現われた。

　19世紀後半、スペンサー[※※※※]は、所得の再配分は個人の所有権の侵害であることを強調し、他人を救済したいのであれば、教会や慈善事業など各個人や集団の判断で行なうべきであると述べた。経済的な不幸は、ほとんどの場合、本人か親の責任であるとも述べ、経済的強者による搾取の問題は、法制度によって制限すれば足りるとしている。

スペンサー

　[※]　John Stuart Mill（1806〜1873）。イギリスの哲学者、思想家。主著『自由論（On Liberty）』は明治初年に邦訳が出ている。
　[※※]　Leonard T.Hobhouse（1864〜1929）。イギリスの哲学者、社会学者、ジャーナリスト。ロンドン大学教授。
　[※※※]　John M. Keynes（1883〜1946）。イギリスの経済学者。ケンブリッジ大学教授。
　[※※※※]　Herbert Spencer（1820〜1903）。イギリスの哲学者、社会学者。「適者生存（survival of the fittest）」説で知られる。

◆●「新自由主義」の台頭 ── ハイエクの影響

　20世紀半ばには、「古典的自由主義者（classical liberal）」を自称するハイエク※が、金持ちから高い税金をとり、それを貧しい人々に分配するような、政府の権力による財（ざい）の移転は、個人の所有権のみならず人間性をも侵害していると批判を加え、ひとたび所有権の侵害や経済的自由の制限が認められてしまうならば、それは全体主義への第一歩になると述べた。

　こうした思想は、1980年代になると、「新自由主義（ネオリベラリズム）（neo-liberalism）」として、各国の政策に大きく影響を与えるようになった（⇒第10章・第3節）。

◆●正義論とリバタリアニズム

(1) ロールズの「正義の原理」

　これらと似たような論争は、20世紀後半のアメリカの政治哲学者の間でも再び登場する。そのきっかけとなったのは、ロールズ※※の『正義論（A Theory of Justice, 1971）』である。

　ロールズは、社会経済的不平等を解消することはできないとしても、「正義」にかなう状態にするための理論を考えた。ロールズは、正義の原理（principles of justice）を次のように定式化している。

ロールズ

【第一原理】　各人（each person）は、すべての他者の同じような諸自由の体系と両立しうる、平等な諸自由の最も広い全体系（equal basic liberties / most extensive total system）に対して平等な権利を持つ。
　　　→「平等な自由の権利」（greatest equal liberty principle）と呼ばれる。

【第二原理】　社会的・経済的な不平等が許容されるのは、次の2つの状態が共に満たされる場合である。
　　　(a) その不平等が、その社会の最も恵まれない人（the least advantaged）にとって最高の利益（greatest benefit）になること。
　　　　→「格差原理」（difference principle）と呼ばれる。
　　　(b) その不平等が、機会の公正な均等（fair equality of opportunity）という条件の下、（就任の可能性が）全員に対して開かれた役職や地位（offices and positions）に付随すること。
　　　　→「公正な機会均等原理」（fair equality of opportunity principle）と呼ばれる。

　ロールズは、第一原理が第二原理に優先し、第二原理の中では（b）が（a）に優先するとしている。

　このような「正義」の原理は、自由を重視しながらも、社会経済的不平等を許容可能な程度まで改善しようとするものである。具体的には、当時の「福祉国家」を擁護するための理論という側面がある（⇒第10章・第2節）。

　　※　Friedrich A.von Hayek（1899～1992）。オーストリア出身の哲学者、経済学者。主著に『隷属への道』等。
　　※※　John B.Rawls（1921～2002）。アメリカの哲学者。ハーバード大学教授。

(2) ノージックの「最小国家」

これに対して、「リバタリアン（自由至上主義者）」と呼ばれる人々から反論がなされている。

その代表者であるノージック※は、国家が人為的に介入すれば、個人の自由な権利や自発的な活動が侵害されると説き、国家の役割を、暴力や窃盗からの保護と、契約の履行の強制に限定すべきとした。これをノージックは、「最小国家」と呼んだ（それまでは「夜警国家」と呼ばれていた。⇒第10章・第2節）。

こうした、リバタリアニズムの主張は、先に見た古典的自由主義とほぼ同様であるが、国家の役割をより限定しようとすることや、経済的自由のみならず、文化・生活様式などの面においても、個人の自由の擁護を強調することが特徴である。

◆◆ リベラル－コミュニタリアン論争

ロールズもノージックも、個人が、自分の生き方を自分のために選択・決定しうるとする個人主義的な人間観を前提としている。

しかしこの前提に対しては、「コミュニタリアン（共同体主義者）」と称される人々から批判がなされることとなった。個人主義的ではない自由主義者であり、マッキンタイア※※、テイラー※※※、サンデル※※※※などがいる。

彼らは、いかなる個人も、家族、共同体、国家、そして歴史との関係の中で存在しているのだから、そこにおける責務を背負う存在として自己を理解すべきだと述べた。サンデルは、既存の自由主義者の人間観を「負荷なき自我」であるとして批判している。

ロールズや、それを支持する哲学者たちと、サンデルら共同体主義者たちの間の論争を、「リベラル－コミュニタリアン論争」という。

なお、このアメリカのコミュニタリアンと類似の思想は、すでに19世紀半ばのイギリスにも登場している。

グリーン※※※※※は、個人の自己決定権を擁護しながらも、その権利は社会全体の共通善を実現するために行使されるべきだと主張した。これはイギリス理想主義と呼ばれ、ホブハウスによって継承されたほか、明治・大正期の日本の青年にも強く影響を与えた。

グリーン

［吉田龍太郎］

※ Robert Nozick（1938～2002）。アメリカの哲学者。ハーバード大学教授。主著に『アナーキー・国家・ユートピア』。
※※ Alasdair MacIntyre（1929～）。スコットランド出身の哲学者。ノートルダム大学教授。
※※※ Charles M. Taylor（1931～）。カナダの哲学者。マギル大学名誉教授。
※※※※ Michael Sandel（1953～）。アメリカの哲学者。ハーバード大学教授。NHK TV「ハーバード白熱教室」でも知られる。
※※※※※ Thomas H. Green（1836～1882）。イギリスの哲学者。オックスフォード大学教授。

第4章

デモクラシー

=◦ **本章のキーワード** ◦=

- □ 民主制
- □ ポリテイア
- □ 混合政体
- □ 普通選挙
- □ 代議制民主主義
- □ 民主集中制

- □ エリート民主主義
- □ 参加民主主義
- □ 討議民主主義
- □ ラディカル・デモクラシー
- □ 統治能力
- □ ポピュリズム

第1節 古代のデモクラシー

◆◦君主制・貴族制・民主制

「デモクラシー（民主制、民主主義）」という言葉は、古代ギリシア語の demokratia デモクラティアに由来する。これは、「デーモス（人民）」の支配体制を意味する。これは、統治体制を支配者の人数によって分類する政体論において使われた概念である。そこでは、一人による支配が君主制、少数者による支配が aristocracy 貴族制、多数者（市民全体）による支配が民主制である。

このデモクラシーは、アテネなど、古代ギリシアの「ポリス（人の集まり=都市国家）」において最初に成立したと言われる。それは、今日の representative democracy 「代表民主制（間接民主主義）」と異なり、市民全員が意思決定の場である ecclesia popular assembly 「エクレシア（民会）」に参加する権利を持ち、平等な存在として発言権を direct democracy 与えられる直接民主制であった。しかし、古代に直接民主制が可能であったのは、共同体の規模が比較的小さかったからである。

　また、民会に参加できるのは20歳以上の男性市民であり、女性は含まれていない。参政権は、軍事的な貢献を直接できることと不可分であった。さらに言えば、奴隷はそもそも市民ではないので参加の可能性はない。このように、ポリスに存在しているすべての人が直接参加の権利を持っていたわけでは全くない。参政権のある男性市民も、全員が毎回出席していたわけではない。

◆━ 古代デモクラシーの実際

　古代ギリシアにおいては、政治は民会、評議会（council）、各種の行政機関といった組織によって運営された。評議会の構成員は30歳以上の男性市民の中からくじ引きで選出される。

　デモクラシーは、紀元前5世紀から4世紀のアテネで頂点に達した。評議会・行政執行府の準備した全案件を、民会は審議・採択したし、差し戻しをする権限もあった。裁判所もあったが、構成員は評議会と同じく30歳以上の男性市民の中からくじ引きで選出される人民法廷（popular tribunal）であった。また、政治的案件の裁判権は、長らく民会にあった。アテネの政治では、民会は年40回ほど屋外で開かれた。具体的な審議事項としては、宣戦・講和の決議、軍司令官等の選挙、行政官の任免などがあり、広範囲にわたっていた。

◆━ デモクラシーに対する批判

　民主制は、必ずしも良い統治と見なされていたわけではない。著名な政治思想家たちは、むしろ批判的な見方をしていた。

　ソクラテス※は、民を堕落させたとして人民法廷の裁判によって死刑を宣告され、命を絶ったが、その弟子のプラトン※※は、これを民主制のほうに問題があったと考えた。プラトンは、真の意味での哲学の素養を持った卓越した人物（「哲人王（philosopher king）」）によって意思決定がなされることを望み、無知な大衆が意思決定を行なう民主制を警戒した（⇒第15章・第1節）。

　プラトンの弟子のアリストテレス※※※によれば、統治体制には支配者の人数とともに、統治の内容の優劣がある。つまり、1人支配の君主制が利己的になって堕落したものが「僭主制（tyranny）」であり、少数支配の貴族制が堕落したものが「寡頭制（oligarchy）」、そして、多数支配が堕落したものが民主制であるとされた。「衆愚政治」という意味合いである。多数支配が適切に運営されているものを、ポリテイア（politeia）と呼ぶ。公民制、市民制、ポリス的状態、政治状態（polity）、などと訳すことができる。

　アリストテレスが理想とした統治体制は、君主制・貴族制・ポリテイアの

※　Socrates（紀元前469年頃～紀元前399）。古代ギリシアの哲学者。その思想はプラトンの著作によって伝わった。
※※　Platon（紀元前427～紀元前347）。古代ギリシアの哲学者。『国家』『饗宴』など対話形式による多くの著述を残した。
※※※　Aristotle（紀元前384～紀元前322）。古代ギリシアの哲学者。『政治学』はじめあらゆる分野の研究書がある。

混合政体 *mixed government* である。それぞれの利点を引き出し、また、堕落を防ぐことが望まれた。この形態はローマでは「レス・プブリカ（公共のもの）」*res publica* と呼ばれ、のちの共和主義 *republicanism* につながる。こうした混合政体は、ローマから現在に至るまで、多くの国々で事実上実現している。

[図表4-1] アリストテレスの政体論

	多数者の支配	少数者の支配	1人の支配
良い統治	ポリティア	貴族制	君主制
悪い統治	民主制	寡頭制	僭主制

[出典]加藤秀治郎ほか『新版 政治学の基礎』（一藝社、2002）を基に作成

第2節　中世から近代へ

君主と貴族のせめぎ合い

ローマが帝政となったのち、西洋世界でも（他の地域と同様に）君主制が最も一般的な統治形態となった。しかし、中世後期には再び貴族たちの意思決定権が拡大する。イギリスでは、1215年のマグナ・カルタ（自由の大憲章）*Magna Carta Libertatum* をきっかけに議会制度が確立していった。イタリアでは、貴族や商人たちによる集団指導体制が出現した。

近代に入ると、国家権力の強大化にともない多くの主要国で絶対王政 *absolute monarchy* が出現するが、貴族たちとの衝突によって君主側が敗れることもあった。イギリスの清教徒革命 *puritan* は、国王の処刑・王制廃止と、反王党派貴族らによる集団指導体制を短期間であるが出現させた。続く名誉革命 *Glorious Revolution* では、議会の宣言による国王の交代が正当化された。

第3節　近代デモクラシーと政治参加者の拡大

市民革命

さらに、意思決定への参加者のさらなる拡大につながる近代民主主義的な運動や現象も見られるようになった。清教徒革命に際しては、革命軍の中に「レヴェラーズ（水平派）」*Levellers* とよばれる兵士の結社がつくられ、男性の普通選挙権や議員の任期制を主張するなどして、すべての人間に平等な政治参加の可能性を求めた。その後、名誉革命に際して、ロック（⇒第3章・第1節）は「人民」*people* が行動し

決定を下す可能性を認めた。これはアメリカの独立革命においても、フランス革命においても用いられた。こうした一連の革命は 市 民 革 命^{bourgeois revolution}と呼ばれる。

「デモクラシー」という言葉が、いつから肯定的な意味でよく用いられるようになったのか、そしてそれが、日本でどのようにして「民主主義」という言葉で広く用いられるようになったのかは、いまだ研究の余地があるが、市民革命は、近代デモクラシーの起源とされる。

◆◆制限選挙と男子普通選挙

市民革命以降の議会政治においても、政治参加の権利が直ちに拡大したわけではなく、納税や財産要件がつけられていった。そもそも、財産を持っていることを理由に参政権を与えようとすること自体、大きな変化であり、反対も多かった。共和主義や保守主義の観点からは、ある者が財産を持つだけでなく、文化的水準や卓越性や市民的徳性を備えたことを理由に、初めて政治参加の権利が与えられるのが、本来の姿である。

市民革命に賛成した自由主義者の間でも、中産階級以上の豊かな人々だけが政治に参加すればよいとする考えが主流であった。国家機能の遂行のために、費用である税を負担できる財産と、統治に関わる判断をなすだけの教養を持ち、理性的に議論をすることができる市民だけが政治に参加すればよく、無知で無責任な大衆の参加は、理性的な少数者を抑圧し、多数者の専制になると考えられた。このような根拠によって、納税額や財産などの要件で選挙権を制限する制限選挙が主張され、普通選挙権は否定されたのである。

これに対して、より民主主義的な勢力は普通選挙権を求めた。市民革命の恩恵を十分受けられていないと感じた都市下層民や農民、また、その待遇改善を支持する改革派の政治家たちの間で、次第に民主主義的な主張が現われ、多数者の権利も等しく尊重されるべきだとされた。スローガンとなったのは 平 等^{equality}である。これは、政治参加の平等という意味である。

このような普通選挙権の主張は、清教徒革命におけるレヴェラーズ（水平派）と同様に、フランス革命における 山 岳 派^{The Mountain}など、市民革命の急進派に見られるが、当時は実現しなかった。フランス革命と同時期のイギリスでは、ベンサム(⇒第3章・第1節)が普通選挙権賛成とみられる主張を行なったが、彼の生前に実現したのは、財産保有を選挙権に直結させた1832年の 改 革 法^{Reform Act}であった。

成人男性に対する普通選挙権が認められ定着するのは、フランス、アメリカ、ドイツでは19世紀半ば以降、イタリア、イギリス、カナダ、日本では20世紀前半になってからである(⇒第7章・第2節)。

女性の選挙権

　市民革命以来の普通選挙権の主張は、男性市民を前提と
したものがほとんどであった。制限選挙の時代にも、財
産を保有している、独身であるなどの条件によって選挙
権を持った女性は少数であるが存在するが、そうした権
利が再び廃止されてしまうこともあった。

ウルストンクラフト

　他方、フランス革命のただ中、イギリスの活動家であ
ったウルストンクラフト[※]は、女性は男性と同じ権利を持
つべき存在であることを主張した。その後、自由主義的な思想家たちの中にも、
ベンサムや、ミル（⇒第3章・第4節）のように女性選挙権に賛成する者が現われた。
イギリスの「サフラジスト（選挙権賛成派）」たちの運動がこれに続いたが、一
部のグループがサフラジェットとして急進化すると、女性選挙権反対派は、女
性たちの未熟さを示すものとしてこぞって攻撃した。

　成人女性全員に男性と同様の選挙権が認められるのは、性別を問わず動員・
協力が必要とされた20世紀の総力戦の中で、女性たちの国家への直接的な貢献
があらわとなってからである。ドイツ、カナダ、アメリカ、イギリスでは第一
次世界大戦中や終戦後（なお、アメリカではその数年前から州レベルで大きく広まっ
ていた）、フランス、イタリア、日本では、第二次世界大戦中や終戦後であった。
カナダを除き、これらはすべて男性普通選挙権よりも後になって実現している。

第4節　自由民主主義

デモクラシーへの警戒と法の支配

　民主主義を警戒した自由主義者たちが懸念したのは、民主主義が個人の自由
を侵害することであった。全員が平等に政治に参加することは、ある面では人々
の活動の自由を拡大するが、他方で、そこでなされた決定の内容によっては、
ある個人の財産権やその他の市民的自由を侵害する可能性がある。個人の自由・
権利を擁護するため、近代自由主義は、国家の権力行使を法によって制限しよ
うとする。これが「法の支配（rule of law）」である。

　法の支配の「法」とは、単に法律のことではなく、上位法である「憲法（constitution）」
を意味する。イギリスでは、長い伝統から慣習法として制度化され、アメリカ

※　Mary Wollstonecraft（1759〜1797）。主著に『女性の権利の擁護（*A Vindication of the Rights of Woman*,1792）』。
　　作家メアリー・シェリー（1797〜1851）の母としても知られる。

など他の国々では成文憲法の形で制定されている。

　法の支配は、統治が単に法の名によって行なわれていたり、その法の制定手続きが適正であるだけでなく、その法の内容をその後も問題にする立場である。ある法律や命令が憲法を頂点とする法規範に適合しているかどうか、必要があれば社会慣習上の倫理基準に遡って、司法の判断が行なわれる。不適合であれば、法としての有効性がなくなる。

　これは、たとえ民主主義的に選出された議会の決定であっても同様である。独立革命時のアメリカは、イギリス議会がアメリカの独立を認めなかった苦い経験から、議会に対する不信を前提に、基本的人権の擁護や、権力分立（separation of power）をも憲法に明文化したのである。さらに、アメリカ保守主義の源流となったハミルトン※、アダムズ※※※らは、連邦最高裁判所の権限を強化することを通じて、多数者の暴走を抑止することを目指した。これは、民衆からの人気が高く、選挙を通じた多数派形成を重視するジェファーソン（⇒第10章・第8節）に対抗したものであった。

　なお、法の支配と類似の用語として、ドイツの「法治主義（法治国家（Rechtsstaat））」がある。これも、属人的・恣意的な権力行使ではなく、法による権力行使を求める考え方であるが、手続きや形式を重視し、適正な手続きに沿って制定されていれば法は有効だとするところが、法の支配とは異なるとされる。しかるべき審議を経て成立した法であれば、それにふさわしい内容のはずであるから、内容自体を改めて問題にするには及ばないとされる。

　憲法上に定められた国会における手続きを踏んで権力を獲得した※※※ナチス（⇒第3章・第3節）を止めることができなかった反省から、ドイツでも第二次世界大戦後、形式的法治国家とならないよう、特に注意を喚起するようになっている。

◆◆ 立憲主義

　政治学では、法の支配と同義で「立憲主義」という言葉が使われることが多い。成文憲法がないイギリスでは両者に実質的な違いはない。成文憲法を持つ国でも、憲法の制定や改正の手続き・内容が問題とされる場合を除けば両者の意味は同じである。

　政治スローガンとして用いられる場合においては、憲法の規定のうち何を重視しようとしているのかに留意が必要である。元々は、近代自由主義憲法の通例である基本的人権の擁護や権力分立をもっぱら指すものであるが、明治期の日本では、特に議会制度、中でも議会における野党を尊重すべきことを強調するスローガンであった（⇒第7章・第2節）。現代日本の「立憲主義」も同様の側面を持つ。

※　Alexander Hamilton（1755～1804）。アメリカの思想家、政治家。初代財務長官。合衆国憲法の起草者。憲法成立の背景と思想を記した『ザ・フェデラリスト（The Federalist Papers, 1788）』の中心的執筆者。
※※　John Adams（1735～1826）。アメリカの政治家。第2代大統領。
※※※　ナチスは、ワイマール憲法下の1932年のドイツ国会選挙で第1党となり、1933年1月にヒトラー内閣が誕生。同年3月、ナチス議員多数下の国会で、無制限の立法権授権を含む「全権委任法」が採択され、ヒトラーの独裁政権が成立した。

◆━ 自由主義と民主主義の融合 ── トクヴィルが見たアメリカ

トクヴィル

　民主主義に対する自由主義者の懸念を和らげることになった思想家は、フランスのトクヴィル※である。トクヴィル自身も、民主主義を警戒する自由主義者であったが、アメリカでの見聞※※をもとに『アメリカにおけるデモクラシー（*Democracy in America*, 1835, 1840）』を著した。

　その中でトクヴィルは、人々が平等に政治参加をしているにもかかわらず、自由が保持されているアメリカの政治を高く評価した。その理由として彼が考えたのは、アメリカ憲法とともに、その国民性である。すなわち、個人や家族を重視し、さまざまな結 社（association）や多様な意見を保持しようとする姿勢である。

　多数者の政治参加が全面的に受け入れられ、自 由 民 主 主 義（liberal democracy）が政治制度として確立するのは、20世紀になってのことである。19世紀に、法の支配、立憲主義、権力分立等によって自由権が確立されたのち、普通選挙権が加えられていくという順番であった。

第5節 現代デモクラシーの諸問題

◆━ 民主主義と独裁

　それでも、20世紀において民主主義理論は大きな試練にさらされた。問い直されることとなったのは、民衆と代表の関係をどのように捉えるべきかという問題である。古代のデモクラシーと異なり、共同体の構成員が多い近代のデモクラシーでは、意思決定は民衆全員が直接参加して行なわれるのではなく、否応なしに選挙等を通じて代表を送り出すという間接的な参加の形を取らざるを得ない。

　しかし、民主主義理論においては、有権者とその代表との同一性が、依然として強調される傾向にあった。

　自由民主主義体制においては、議会制度を通じた代 議 制 民 主 主 義（representatitive democracy）のもと、議員たちは有権者の意思を反映するものと見なされてきたし、それは普通選挙が実現し国民全体が有権者となったことで、より確かになるはずであった。

　他方、フランスのルソー（⇒第12章・第3節）は、18世紀イギリスの代議制民主主

　※　Alexis de Tocqueville（1805〜1859）。フランスの思想家、政治家。貴族出身。
　※※　トクヴィルは、1830年の七月革命（1815年に王政復古したブルボン王朝が民衆の蜂起で崩壊）のあと、渡米。アメリカは、ジャクソン大統領（在任1829〜1837）の時代だった。（⇒第10章・第8節）

義を批判し、有権者は選挙の時だけ自由で、その後は奴隷になると述べている。20世紀にも、自由主義に反対する勢力から、現行の議会制度が非効率である、あるいは、民衆の意思を正しく反映していないという批判が続く。彼らは異なる代表のあり方を目指した。

ファシズム体制においては議会が独裁者に全権を委任した。全権委任は非常時であることを理由とするものであったが、解除されることはなかった。共産主義体制においては、議会よりも、党大会に参加する代議員や党指導者のほうが重要である。代議員は地方党員中の有権者によって選出されるが、そもそも有権者や候補者は事実上、党の任命によって決まる。共産党による「一党支配（プロレタリア独裁dictatorship of the proletaria）」は、資本家階級を一掃するまでのものであるはずであったが、解除されることはなかった(⇒第3章・第3節)。

こうした現代の独裁も事実上の代表選出なのだが、当時は、代議制民主主義よりも民衆や労働者の意思をより直接反映するものであり、真の民主主義であると自称された。共産主義体制のものは「民主集中制Democratic Centralism」と呼ばれる。

◆◆ シュンペーターのエリート競争民主主義

ドイツにおけるナチズムの出現への反省から、議会制度と代議制民主主義を擁護するための新しい民主主義理論を生み出したのがシュンペーター※である。シュンペーターは、古典的民主主義思想にあった非現実的要素を削り落とした上で民主主義を再構成しようとした。すなわち、議会が民衆の意思を直接反映すべきだと考えることを止め、代議制民主主義の間接性を強く肯定したのである。

シュンペーターは、従来の民主主義理論が、現実の姿をあるがままに直視せず、政治的リーダー(政党や政治家)と一般国民の役割分担を明確に肯定しないできたことを批判する。そして、国民には直接、政策を判断する能力がないということを認め、国民の役割を、適切な政策決定を行なうことができる政党や政治家を選択することに限定する。

その上でシュンペーターが取り組んだのは、こうした代議制民主主義において、国民の代表である議員を国民が選び直し、コントロールし得る仕組みである。それは、政党、政治家など、リーダー、エリートの間の 競 争competition である。彼の民主主義理論は、複数政党が選挙で競争するようになった自由民主主義体制における代議制の歩みに正統性を与える。

シュンペーターは経済における競争と政治における競争を全く同じように説明したわけではない。だが、彼の理論

シュンペーターの主著
『資本主義・社会主義・民主主義』(原著初版は1942年)

※ Joseph A.Schumpeter(1883〜1950)。オーストリア・ハンガリー帝国のモラヴィア(現チェコ)出身の経済学者。「イノベーション(innovation)」の提唱者として知られ、経済学を中心に20世紀の各国の政策に影響を与えた。

は、市場競争の下での消費者の選択の自由が、生産者間の競争と適切な進歩を生み出すとする、自由主義市場経済の社会観と適合するものである。それゆえに、20世紀前半の自由民主主義諸国において歓迎された。エリートの役割とその競争を重視するシュンペーターの理論は、エリート民主主義（elitist democracy）と呼ばれる。

直接参加のための制度

　議会制度による代議制民主主義のもとにおいても、いくつかの直接民主制的手続きが認められ、制度化されている。「リコール（解職請求）（recall）」、「レファレンダム（国民投票）（referendum）」、「イニシアティヴ（国民発案）（initiative）」などである。

　日本の憲法は、国政では、最高裁裁判官の国民審査（第79条）、憲法改正の国民投票（第96条）、1つの自治体のみに適応される国の特別法に対する住民投票（第95条）など、直接民主制的な手続きを定めている。地方自治では、首長や議員に対する解職請求、議会解散請求、条例の制定・改廃請求、事務監査など、直接民主制的な制度が定められている。

参加デモクラシー

　1960年以降、自由民主主義の内部から、エリート主義や代表制への批判が再び強まる。先進産業国で高まった学生運動、環境運動、フェミニズム運動、平和運動、差別撤廃運動など「新しい社会運動」は、代議制民主主義に疑問を投げかけ、それに代わる原理として、非エリートや一般市民に常に開かれた政治制度の構築を主張している。それは、参加民主主義（participatory democracy）と呼ばれる。

討議民主主義とラディカル・デモクラシー

　新しい社会運動は、それまでの民主主義運動と同様、自らと異なる多様な価値観を否定してしまう危険性があった。その後、20世紀末にかけて、参加の拡大に加えて市民相互の意見表明や対話を求める理論が登場する。いずれも、自分とは異なる他者の声に耳を傾けることを求めるが、その目的が異なる。

　1つは、討論を通じた合意形成を志向する討議民主主義（deliberative democracy）である。参加者が知識を深めたり熟慮（deliberation）する機会を重視することや、他者の意見を聞いて自分の意見を変える可能性を持つ点に注目することが特徴である。代表的な論者は、ハーバーマス※、フィシュキン※※などである。

　もう1つは、議論を戦わせることを通じて対立を可視化することを目指すラディカル・デモクラシー（radical democracy）である。ラディカル・デモクラシーは、人間同士が合意したり、他者の考えに共感することには期待せず、むしろそれによっ

　※　Jurgen Habermas（1929～ ）。ドイツの哲学者。フランクフルト大学教授。
　※※　James S. Fishkin（1948～ ）。アメリカの政治学者。スタンフォード大学教授。

て誰かが我慢を強いられたり、対立が隠蔽されることを嫌う。議論の目的は、闘技場での戦いのように、異なる意見をぶつけ合い、不満の解消や、妥協の可能性を模索することにある。代表的な論者は、コノリー※やムフ※※である。

◆◆ 直接参加の限界

　ただ、直接民主制的な方法には重要な問題も含まれている。投票以外の政治参加は、参加のコスト（時間、費用、知識、労力）のいずれか、あるいは、すべてをさらに要するので、参加できる人々が限定される可能性がある。すべてを兼ね備えた人間にとっては当然有利となるし、反対に、全く資源を持たない人間にとっては、参加の可能性は事実上断たれる。また、財産や知識がさほど豊かでなくても余剰時間や体力だけが突出している場合などは、参加しやすくなる。反対に、忙しく働く勤労者は、たとえ一定の財産と知識があっても参加しにくい。そもそも古代ギリシアの直接民主制においては、現在われわれが普段行なっているような日常生活上の労働の多くは、参政権のない女性や奴隷の仕事であった。

　現代社会において直接参加を、代議制民主主義に代替するものと位置付けることはできない。その役割は、議会政治の補完にとどまるのである。なお、参加者を無作為抽出することによって、こうした問題を解消しようとする議論もある。参加者・非参加者双方の権利を侵害する可能性があるので難点はあるが、近年注目を集めている。

◆◆ 統治能力の低下

　直接参加への要求は、代議制のもとでは政府がさまざまな問題を解決し得ていないという不満が前提にある。民主主義の統治能力とは、民主主義の基本的特徴を保持した上で、それぞれの社会が、その内外において直面する課題に取り組み、その課題の解決に必要な変化（改革）を導入する能力であるが、1970年代以降、その機能不全が指摘されてきた。その解決策として、現代の政治理論においては、より多様な必要性を反映させていくことが模索されてきたが、1980年代以降の新自由主義論においては、反対に、政府の役割が大きくなりすることが問題であるとされた。

　さらに、21世紀には、国境を超えた「モノ」あるいは「ヒト」の移動に対する反発から、各国で「ポピュリズム（大衆迎合主義）」的な運動が見られるようになっている。これについては、代議制民主主義の機能不全をその中で克服しようとするものなのか、自由民主主義の破壊なのか、あるいは自由民主主義の限界そのものなのか、政治学者の間でも見解は分かれている。

［吉田龍太郎］

　※　William E. Connolly（1938 〜 ）。アメリカの政治学者。ジョンズ・ホプキンス大学教授。
　※※　Chantal Mouffe（1943 〜 　）ベルギー出身の政治学者。ウェストミンスター大学教授。

第5章

議会政治

本章のキーワード

- □ 等族会議
- □ 近代議会
- □ 代議制民主主義
- □ 直接民主制
- □ 議会政治の3原則
- □ 大衆民主主義
- □ 行政国家化現象
- □ 一院制／二院制
- □ 参議院
- □ 本会議／委員会

第1節 議会政治の発達

等族会議から近代議会へ

　議会政治の発達は近代以降のことだが、議会制度そのものは、それ以前から存在していた。中世のヨーロッパには「宮廷顧問会」があったが、これが13世紀から17世紀頃に、「等族会議（身分制議会）」へと進化していった。それは、フランス革命（1789〜1799）の序幕に登場する「三部会」が有名であろう。

　三部会は、聖職者（僧侶）、諸侯（貴族）、平民といった身分を代表する人々で構成され、国王に対し、自らの身分的利害を代表する役目を果たしていた。スウェーデンやデンマーク、フィンランドのように、これに農民が加わるケースもあった。しかしながら、彼らは今日における議会の構成員たる議員とは全く異質で、それぞれの身分を代表する「代理人」でしかなかった。つまり、主体的な行動判断、意思決定は著しく制限され、彼らの利益のみを追求し、彼らのコントロール下に置かれていたのである。

　しかも、課税同意権、すなわち、国王による新税の要求を認めるかどうかを協議することが趣旨で、国民全体の利益を代表するものではなかった。確かに国王の暴走を食い止めるために、一定の役目は演じてはいた。だが、本質的には国王の諮問機関的なものでしかなく、国家としての意思形成の場とはなっていなかったのである。

　ところが、資本主義経済の進歩にともない、徐々に発言力を拡大させていった「市民階級（ブルジョアジー）」と国王との対立が激しくなると、やがて彼らによって市民革命が引き起こされるようになる。その結果、絶対王政の君主主権に代わって国民主権が唱えられ始め、等族会議は近代議会へと生まれ変わっていくのであった。

　このうち、フランスとイギリスは、その流れが大きく異なっていた。フランスでは、フランス革命によって従来の三部会が「国民議会」となったが、イギリスは、等族会議を継承するかたちで貴族院（上院）を残しながら、庶民院（下院）の権能強化を図ることで近代議会へ移行した。フランスは急進的だったのに対し、イギリスは漸進的な展開を見たのであった。

◆━◆ 代議制民主主義と直接民主制

　近代デモクラシーの最大のポイントは、代議制民主主義（間接民主制）を採用していることにある。代議制民主主義とは、主権者である国民によって選挙を通じて選ばれた代表である議員で議会を構成し、国民に代わって、間接的に統治権を行使するシステムである。したがって、議員は特定の組織体の「代理人」ではない。

　イギリスでは17世紀末頃に、議会は国民全体を代表するものであるという国民代表理論（代表委任）が唱えられるようになった。それが確立されるのは18世紀後半のことである。

　1774年、イギリス南西部にあるブリストルという地区から下院議員に選出されたバーク（⇒第3章・第2節）は、有権者に向かって、「議会は異なった利害、敵対する利害の代弁者による合議体ではない」と訴えた。そして、「議会は1つの国家、全体の利害を慎重に審議する集合体なのである。一部の目的、一部の利益ではなく、全体の一般的理性に由来する一般的善を導き出すところなのである。諸君は議員を選ぶ。しかし、諸君が議員を選んだとたん、その人は、ブリストルの議員ではなく、議会の議員になるのである」と述べた。

バーク

すなわちバークは、議員というのは国民全体の代表であって、自分を選んでくれた選挙区の代表、そこに住む人々の代表ではないと喝破しているわけである。

あるいは、フランス革命によって1791年9月に制定されたフランス最初の憲法「1791年憲法」には、「県選出の議員は特定の県の代表者でなく、全国民の代表者であり、議員にはいかなる委任も与えられない」とあるが、これも、国民代表理論を具現化したものと言える。さらには「フランスの国家組織は代表民主制である。代表者は立法府と王である」として、国王も立法府たる国民議会の議員と同じく国民全体の代表としている。

一方で、同じ代議制民主主義でも、かつて、地域社会の住民全員が意思決定に参加する純粋民主主義（直接民主制）が布かれていたアメリカの場合は、議員を国民全体の代表と捉えるべきとするヨーロッパや日本とは、いささか考え方に違いがある。純粋民主主義の伝統が色濃く残るアメリカでは、その選挙区から選ばれた議員は、地域社会の利益を汲む住民代表であると見なす向きが支配的である。

元来、代表制民主主義は、議会における課税同意権から発達した。アメリカ独立戦争におけるオーティス※の「代表なき課税は圧制である（代表なくして課税なし）」 No Taxation Without Representation との言葉が、それを物語っている。したがって、当初、選挙権が一定額以上の納税者に限られた制限選挙だったことは、理由のないことではない。しかし、19世紀半ば頃から民主主義思想が広がりを見せはじめると、「代表制」と「民主主義」がリンクし、やがて、普通・平等・直接・秘密選挙の原則が確立したのであった。

第2節 議会政治の原則

国民代表、審議、行政監督

現代デモクラシーは、国民によって選ばれた代表が、議会において政治をつかさどる間接民主制が基本である。直接民主制、すなわち、その国や社会を構成する人々全員が一堂に会することは、物理的にも技術的にも困難だからである。

議会が最高意思決定機関として、政治を担う議会政治には、次の原則がある。

①「国民代表」の原則――バークのスピーチ（⇒左ページ）にもあるように、議会を構成する議員は、特定の組織体の利益代弁者ではなく、国民全体の代表であるとされる。ゆえに、議会政治における議員は、自らの判断、意思に基づいてす

※　James Otis Jr. (1725～1783)。アメリカ植民地時代の法律家、政治活動家。

べての国民の利益を実現すべきであるとしている。

②「審議」の原則──イギリスでは議会のことをパーラメント^{Parliament}と呼ぶ。その語源は古フランス語で「話す」という意味の「パーラー^{parler}」に由来する。ゆえに議員は、公開の場において、議会に民意を届け、同時に自らの意見や主張を表明し論戦を繰り広げ、十分な審議をし尽くした上で結論を見出さ(みいだ)なければならない。これにより有権者は議会を評価し、選挙における判断基準の1つとして生かすことができるのである。

しかしながら、合意に向けて審議を重ねたとしても、意見の一致を見ない場合もある。その際は、多数決によって決定を下すという原則が採用される。いわば数的多数で決着させるという政治的技術が、多数決の原理である。しかし、慎重な審議を行なうことが、その前提にある。「強行採決」が批判されるのは、このためである。

③「行政監督」の原則──行政府に対する立法府の優位性が確立され、議会は効果的に行政を監督しなければならない、というものである。行政府が議会の信任によって成り立つ議院内閣制の場合は、この原則が典型的に明示されている（⇒第6章・第2節）。一方の大統領制は、この原則から外れるとして議会政治に当たらないとの見方もあるが、議会の優越的性格が残されているケースについては広義の議会政治に含めることが多い。

第3節 議会政治の危機

以上が、議会政治の原則であるが、これらに反する現象のあらわれにより「議会政治の危機」が論じられることがある。それは議会政治を取り巻く政治的、社会的条件の変化によって生じたものでもある。

◆◇ 大衆民主主義、行政国家化現象

まず、「普通選挙」の実現によって大衆民主主義（マス・デモクラシー^{mass democracy}）となったことが挙げられる[※]。

選挙権が一定の財産を有する人々に限定されていた頃は、議員と有権者は同じような社会層にあり、ある程度、同質性が確保されていた。ところが、選挙権が拡大されると、有権者の多様化が強まって、同質性が崩れ、利害対立が顕著となり、国民代表の観念が虚構化していったのである。

さらに利害対立が明確になると、調整が困難となり、議会での討論の意味が

※ 日本では1925年、衆議院議員選挙法の改正によって、日本国籍があり内地に居住する満25歳以上の全ての成年男性に選挙権が与えられ、いわゆる「普通選挙」が実施された（それまでは、直接国税の納税額で選挙資格が限定）。しかし女性の選挙権獲得は、1945年、日本が第二次世界大戦で敗戦した後。（⇒第7章・第2節）

低下傾向に陥ったことに加え、政党が大衆民主主義の条件の下で組織を整えてきたため、内部が寡頭制化し、いよいよ議会での討議が難しくなったのである。

　しかも、福祉国家への要求の高まりによって、行政機能が拡張し、その結果、「行政国家化現象」が進行して、議会の存在価値が失われつつあることも指摘される（⇒第10章・第2節）。すなわち、議会の議員は、専門的、技術的な知見を欠いているため、必然的に行政部の力が増大していくのである。

　現代においては、広範な領域において複雑化する国民の要請に応えるため、行政部に多くの裁量権を認め、議会の持つ権能を行政部に委任することも避けられなくなってきている。こうした課題を処理するには、高度な専門性、技術性が必要で、しかも、質だけでなく量も著しく増え、議会では迅速な対応ができなくなってきている。

　このような行政部の優位的な状況は国家運営全般にまで浸透しており、立法部たる議会は、立法過程においてもイニシアティブを執ることができず、日本でも、内閣提出の法案を形式的に国会が承認するような傾向すら生じている。

　当然、建前としては権力分立制ではあるが、実際には、法案の多くは、すべて官僚群に委ねられ、内閣提出の形で国会の審議に諮られるのである。行政部の政治的影響力は、立法だけでなく、予算編成から、その執行にまで及んでいる。立法部が行政部に対する統制を、どのようにして執っていくか。これは、議会政治の根本問題といえる。

第4節　議会制度

◆─◆一院制と二院制

　世界の議会制度を一瞥すると、一院制と二院制（両院制）に分類することができる。一院制とは、議会が1つの合議体で構成されているもので、二院制は2つの異なった合議体から成り、議会の議決は、原則として双方の意思の一致によって成立するものをいう。

　列国議会同盟※の調査によると2020年1月段階で、世界192カ国のうち一院制を採用している国は79カ国、二院制を採用している国は113カ国と、一院制を採用する国の数の割合が格段に多い。一院制の国の中にはニュージーランド、デンマーク、スウェーデンのように、二院制を廃止して一院制へ移行した事例もある。二院制は、大きく3つのタイプに分かれる。

※「Inter-Parliamentary Union」(IPU)のこと。166ヵ国の議会が参加する国際組織。本部はスイス・ジュネーヴ。

　①**貴族院型**——イギリスの貴族院が典型的な例として挙げられる。日本も戦前における帝国議会には貴族院が存在した。イギリスの貴族院（上院）は、17世紀半ばに起こったピューリタン革命後に一時期だけ廃止された時期を除いて、続いている。民選議員によって成る庶民院（下院）に対し、貴族院は世襲貴族、一代貴族、法服貴族、聖職貴族によって構成されている。しかし、貴族院の権能は極めて限定的で、形式的なものになりつつあり、今日では時代錯誤の長物として、その正当性に苦しんでいる。

　②**民主的第二次院型**——第一院、第二院いずれも民選議員によって構成されている。第一院のみで議決する場合に生じる危険性のある過誤を回避するため、別の議院で熟考の機会を設けるものである。日本の参議院は、これに該当する。

　③**連邦制型**——アメリカのように州（支分国）が集まってできている連邦制を布く国に見られる。この場合、第一院（上院）は、国（連邦国）全体を代表し、第二院（下院）は、連邦を構成する州や邦を代表するものとされる。

◆◆ 日本の参議院

(1)「第二院」の意義とは

　日本の議会に当たる国会も、2つの議院によって構成される。衆議院と参議院である。日本では、衆議院で決まったことを、今度は参議院で再び審議し直すという方式が布かれている。

　日本における第二次世界大戦前の帝国議会は、民選議員※によって構成される衆議院と、皇族議員、華族議員、勅任議員（勅選※※、多額納税者、帝国学士院会員）で構成される貴族院とによる二院制であった。

　ところが、戦後の占領下においてGHQ※※※（連合国軍最高司令官総司令部）が日本に求めたのは、貴族院の廃止と一院制への移行であった。これに対し日本は二院制の採用を力説し続け、その結果、第二院の構成員を民選によって選ぶことを条件に、参議院の創設と相成った。

　参議院の創設に際し、憲法学の権威でもある国務大臣の金森徳次郎※※※※は、貴族院帝国憲法改正案特別委員会において、次のように述べている。

　「一院専制ト云フヤウナ傾キ、又議会ノ審議ガ慎重ヲ幾分カ欠憾ミガアルト云フコト、及ビ、輿論ガ果シテ何ヲ目当ニシテ結集セラレテ居ルカト云フコトニ付キマシテノ判断ヲ的確ナラシメルト云フヤウナ、此ノ三ツノ要点ハドウシテモ二院政治ノ美点トシテ挙ゲナケレバナラヌ」（1946年9月20日）

　　※　ただし、当時の選挙権は25歳以上の男性のみ。
　　※※　天皇に選ばれること。
　　※※※　「General Headquarters」の略。実態はアメリカ軍。1945年10月2日設置、1952年4月28日廃止。
　　※※※※　1886〜1959。第二次世界大戦前に大蔵省入省を経て法制局長官。戦後、第一次吉田茂内閣で、新憲法担当の国務相。

すなわち、第一院（衆議院）が犯す過ちや「専制」化の危険を防止し、慎重で成熟した討議が可能となり、第一院だけでは捉えきれない民意をカバーすることができるというのが、参議院設置の理由（「二院政治ノ美点」）であった。

参議院が創設された当初は、その趣旨に沿うべく、保守系無所属議員による参議院のみの最大会派「緑風会」が旗揚げされ、政権奪取を目標とせず、不偏不党を謳い、衆議院に対する抑制・均衡・補完の機能を発揮した。その名前の通り、7色の虹色の真ん中にある緑色と同じく、右に傾くことなく左にも偏せず、是々非々を貫き、公正性、中立性を重んじた。

金森徳次郎

(2)「衆議院のカーボンコピー」

ところが、1955年10月に、左派と右派に割れていた社会党が再統一（日本社会党）、続いて11月に日本民主党と自由党との保守合同により自由民主党（自民党）が結成されると（⇒第7章・第2節）、参議院にも政党化の波が押し寄せ、徐々に緑風会は衰退し、やがて消滅してしまう。

河野謙三

その結果、自民党が長期的、安定的に衆・参の両院で過半数を占める状態が続き、参議院は衆議院の議決を追認するだけの存在となり、「衆議院のカーボンコピー」、あるいは「ミニ衆議院」とまで揶揄されるようになった。

しかも、平成以降（平成元年＝1989年）には、衆議院と参議院で与党と野党の勢力が逆転する「ねじれ国会」が出現し、衆議院の議決が参議院で否定されるため、参議院は与野党対決の主戦場となり、「決められない政治」の元凶と見なされるようになる。

シェイエス

もちろん、この間、何もしてこなかったわけではない。1971年7月、参議院改革の先駆け的存在で知られる「ミスター参議院」こと河野謙三[※]が議長に就任して以降、歴代議長のイニシアチブによって、衆議院とは違う独自性の確保を目指し、数々の改革案が出されてきた。公平中立な議事進行を行なうための正副議長の党籍離脱（議長と副議長はどの党にも属さない）、オンブズマン的機能を有する行政監視委員会の設置、押しボタン式投票の導入と、実現した例も少なくない。

フランス革命を指揮したシェイエス[※※]は、第二院を、「もし第一院に一致するならば、それは無用であり、一致しないなら害悪である」と指摘したとされる。

※　1901～1983。衆議院議員（1期）、参議院議員（5期）。1971年から6年間（内閣は、佐藤栄作・田中角栄・三木武夫・福田赳夫の4代）、参議院議長。兄の一郎（1898～1965）も、農相、建設相ほか要職を歴任した自民党政治の実力者。一郎の次男が、衆議院議員などを務めた洋平（1937～）、洋平の長男・太郎（1963～）も政治家。

※※　Emmanuel-Joseph Sieyès（1748～1836）。フランスの政治家。『第三身分（平民）』出身。著書『第三身分とは何か』の中で、貴族（第二身分）の特権を否定した。

もちろん、これは第一院の判断が常に正しいという場合に限られる。参議院は果たして、どうあるべきなのか。「参議院不要論」までささやかれる中、再考を迫られている。

◆●本会議と委員会

(1) アメリカとイギリスの場合

発案、討議、議決といった議会運営の方法は、国によって異なる。まず、ほとんどの国に、全体会議としての「本会議」と、専門性に特化した「委員会」とがあり、これらの組み合わせによって審議が行なわれる。

本会議は、全議員の参加によって開かれる。日本のように二院制を布く国では、第一院、第二院それぞれで本会議が行なわれ、そこで議院としての意思を決める。一方、最終的な議決を行なう本会議とは別に、予備機関、専門機関としての委員会がある。

アメリカのように委員会を軸に議会運営が成されるものを「委員会中心主義」、イギリスのように本会議を中心に据えているものを「本会議中心主義」という。日本では、第二次世界大戦前の帝国議会では本会議中心主義であったが、戦後は委員会中心主義を採っている。

本会議中心主義のイギリスの場合は「三読会制」によって行なわれる。たとえば法案は、①本会議での趣旨説明と質疑応答(第一読会)、②審議(第二読会)、③採決(第三読会)、という経過をたどる。委員会中心主義のアメリカでも読会が行なわれるが、法案を提出する際、その法案の番号と表題が読み上げられる程度で、即座に委員会に付託される。しかも、多くの法案は委員会で振るい落とされ、本会議に報告されるものは少ない。

(2) 日本の場合──常任委員会と特別委員会

日本では、議案は最初に少人数の議員による委員会で審議され、その委員会の決定に基づいて本会議で採決されるというのが基本的な手順となっている。

委員会には「常任委員会」と「特別委員会」がある。常任委員会は常設のもので※、ほぼ中央省庁に対応した分野別の縦割り型となっている。特別委員会は常任委員会とは違って常設ではない。臨時的に置かれ一定の役目を終えれば廃止となる。

この2種類以外に、参議院にだけ設けられた「調査会」というものもある。これは6年間という参議院議員の任期を踏まえ、長期的、総合的な見地から、国の基本的事項について調査をするために設置されたものである。

[丹羽文生]

※ 現在、衆議院・参議院それぞれに17の常任委員会があり、両院の議員は任期中、少なくとも1つの常任委員となる。最も重要な委員会は「予算委員会」で委員数は50人(他の委員会は20〜45人)。委員は、「各会派の所属議員数の比率に応じて各会派に割り当て、各会派から申し出た者について議長の指名によって選任」(衆議院Webサイトより)。

第6章

政治制度

═══ ♪ **本章のキーワード** ♪ ═══

- ☐ 大統領制
- ☐ 権力分立
- ☐ 共和制
- ☐ 連邦制
- ☐ 議院内閣制

- ☐ 権力の融合
- ☐ 立憲君主制
- ☐ 天皇制
- ☐ 半大統領制
- ☐ 世俗主義（ライシテ）

第1節 大統領制

◆◆「大統領制」とは

　大統領制といえば、アメリカ合衆国（以下、アメリカ）の統治システムである。国際政治におけるアメリカの存在感があまりにも大きいため、大統領制こそが中心的な政治制度と思われがちであるが、必ずしもそうではない。

　古い民主主義国であるヨーロッパ諸国では、近代議会主義の伝統が強く、「議院内閣制」（⇒本章・第2節）が今日のスタンダードである。ヨーロッパには、アメリカ型大統領制を採用している国はない。旧ソ連諸国※まで入れれば、ベラルーシ※※を大統領制として分類することができるが、同国は、民主主義の伝統と慣行を欠いた権威主義体制であり、民主主義体制から除外してよいだろう。

　一方で、国家元首として国家を代表するが、実権の乏しい名誉職的な大統領を置いている国は、ドイツやイタリアをはじめ、ヨーロッパ諸国にも多数ある。「大統領がいるから大統領制」ではないのだが、一般には誤解されがちである。

※　ソ連（ソビエト社会主義共和国連邦）は、1922年に成立した世界初の社会主義体制による連邦国家だったが、1991年に崩壊、ロシア連邦と14の共和国に分裂した。国際的なソ連の権利等は、ロシア連邦が継承。
※※　ベラルーシ共和国。西部をポーランドに接するほかは、北西から北（リトアニア・ラトビア）、北と東（ロシア）、南（ウクライナ）と、旧ソ連諸国に囲まれた内陸国家。1994年から、ルカシェンコ大統領による長期政権が続く（2020年現在）。

　ところで、大統領という用語は、英語のプレジデント（President）に相当する各国語を翻訳したもので、「会議の主催者」という意味である。日本語では、総裁、総統、議長などと訳し分けることがある。

　首相もまた閣議の主催者であるから、国によっては大統領と首相の名称的な区別がつきにくいことがある。その意味では、大統領と首相を混同する人が少なくないのも、やむを得ないことなのかもしれない。それでも、「大統領は国家元首」なので、内閣の長である首相よりも格上というのが、国際儀礼上の区分である。

　大統領権力の大小を基準にした場合、フィンランドやフランスでは相対的に大統領の権力が強いし、ドイツやイタリアでは、大統領が国家の仲裁者であるが、権力の実質は首相にある。また、ドイツやイタリアでは、大統領は全くの無力ではないものの、両国は「議院内閣制」である（⇒本章・第2節）。大統領制と議院内閣制のハイブリッドシステムは、デュヴェルジェ※によって「半大統領制」と名付けられた（⇒本章・第3節）。

　大統領制は、南北アメリカやアフリカなどに多く見られる。特に南アメリカ大陸では事実上のスタンダードとなっており、例外はオランダ系のスリナム、仏領ギアナ（フランスの海外県・地域圏）である。以下、本書では、特に断りのない限り、アメリカ型大統領制を単に大統領制と呼称する。

◆◆ 権力分立

　大統領制の要諦は、「権力分立（三権分立）」である。権力分立といえば、ロック（⇒第3章・第1節）やモンテスキュー※※が提唱したことで知られるが、アメリカは「権力分立」を独特のかたちで実現させた。アメリカは連邦制を採用しており、連邦・州関係を含め、権力の過度の集中が起こらないように、政治制度が設計されている。アメリカの大統領や、1913年までの上院議員が間接選挙によって選出

モンテスキュー

されるのは、権力者を国民と直結させるのを嫌ったからである（⇒第8章・第3節）。

　権力分立は「立法」「行政」「司法」間の抑制と均衡によって成り立っている。代表的な提唱者であるモンテスキューが、権力分立を構想したのは『法の精神』（1748）においてである。ロックの権力分立論を発展させたものとされる。

　今日では、むしろ「行政国家」と呼ぶべき「行政の優位化」が進展しており、行政をどのようにコントロールするか（行政責任論）が課題となっている（⇒第10章・第4節）。当然、立法府による監視は、制度的に保障されたその最たる手段である。

※ Maurice Duverger（1917〜2014）。フランスの政治学者。選挙制度の研究で著名。ソルボンヌ大学名誉教授。
※※ Charles-Louis de Montesquieu（1689〜1755）。フランスの思想家。貴族出身。

◆◆アメリカの政治制度の特徴

（1）大統領

　アメリカの大統領は、「合衆国出生」、「35歳以上」、「14年間以上の合衆国居住」を立候補要件としている。合衆国出生については、必ずしも明確ではなく、しばしば大統領選挙における論点となっている。それでも、合衆国外で出生した大統領は過去に存在していない。

　大統領は、最大2期（8年）までしかその地位にとどまれない。初代のワシントンが2期で辞めたことが慣行になったとされるが、例外的に、F. D. ローズヴェルト※（⇒第14章・第3節）は4期務めている。1951年に憲法修正第22条が成立し、現在では3期目の就任は不可能である。

　大統領は、三権分立の要請から、連邦議会に対して自ら法案を提出することはできず、「教書」を送るのみである。大統領はまた、条約締結権を持ち、軍隊の総指揮官である一方で、宣戦布告はできない。宣戦布告の権限は、連邦議会が持っている。他に、大統領は法案拒否権を持つが、連邦議会は3分の2の多数によってこれを乗り越えることができる。

（2）共和制

　アメリカの政治制度は、世界的な統治モデルの1つではある。アメリカは、人民による統治の原則が支配しており、「共和制」（リパブリック）である。アメリカ大統領は、名実ともに国家元首であると同時に、軍の総指揮官でもある。リンカーンによる「人民の、人民による、人民のための政治※※」こそ、共和制にふさわしいスローガンである。

　カナダ、オーストラリア、ニュージーランドなどのイギリス連邦諸国とは異なり、旧宗主国のイギリスと制度的に断絶している。イギリス連邦諸国は、「コモンウェルス」（the Commonwealth）と呼ばれ、国家元首には、イギリス本国と共通の君主を戴いている。各国には君主の名代である総督がおり、立憲君主の下での「議院内閣制」が敷かれている。

（3）連邦制

　アメリカは独立時には13州から出発した。現在のアメリカ本国は、50州とコロンビア特別区（District of Columbia）（ワシントンD.C.※※※）からなる。他にグアムやプエルトリコなどの自治的・未編入地域や、米領サモアなどの非自治的・未編入地域がある。

　アメリカの国家主権は、連邦を構成する各州によって分有されており、それぞれの地方政府（州政府）は、独立性が高いとされる。もっとも、連邦制国家とはいえ、南北戦争以降、連邦から離脱することはできないとされ、その意味に

　※　Franklin Delano Roosevelt（1882～1945）。第32代大統領。任期中に第二次大戦が勃発し、日本・ドイツ・イタリアと対戦。
　※※　原文は"……government of the people, by the people, for the people,……"。第16代大統領リンカーン（Abraham Lincoln, 1809～1865）が、南北戦争の犠牲者を埋葬した国立墓地で行なった有名な演説の一節。
　※※※　アメリカの首都。大陸東部。同国最大の都市ニューヨークは、300km以上離れた北東に位置する。

おいて、（国家）連合制と同じではないと言える。

　連邦制国家は、連邦を構成する各州に大きな自治権を与えている。各州は固有の憲法と議会を持ち、上院議員を2名ずつ選出できるという意味において、対等な関係となっている。しかし、その人口規模は、最小のワイオミング州から最大のカリフォルニア州まで、1票の格差が70倍近い。一方、下院では、人口規模に応じた議席の配分がなされている。

　アメリカの中央・地方関係は、連邦・州政府関係である。各州政府内部の統治機構は多様であり、アメリカには、ヨーロッパ大陸諸国の内務省や、わが国の（旧）内務省あるいは（現）総務省などに相当する中央省庁がなく、地方政府の数も国家規模では把握されていない。地方政府の様態も多様であるため、単一主権国家の発想からすると、国家的な統一性を欠いているように見える。

　アメリカでは、イギリスの伝統を引き継ぎ、住民自治が徹底しているとされる。実際には、ライト※が指摘するように、連邦と州の権限の相互依存が進み、権限の分離モデルは次第に説明力を欠くようになってきてはいる。とはいえ、ヨーロッパ大陸（集権・融合）型の地方自治とは明確に異なる地方自治が、アメリカには広がっている。制限列挙式、住民自治などを特徴とする英米型（分権分離型）の地方自治は、少なくとも理念系としては確かに存在するといえよう。

（4）連邦議会

　アメリカは上・下両院による「二院制」を採用している。上院と下院の権限は対等とされるが、上院は相対的に定数が少なく、上院議員の経験が大統領になるコースの1つでもあるため、一般的には、下院よりも権威が上であるように受け取られる傾向はある。また、上院の議長は、副大統領※※が務めている。

　上院の定数は100であり、2年ごとに、3分の1ずつ改選される。上院議員の任期は6年である。下院の定数は435（ほかに、議決権を有さない者6）である。選挙制度は、ほとんどの州では小選挙区制相対多数制が採用されている（⇒第8章・第3節）。

　各議員は、大量の個人スタッフを抱えており、政党の実態は緩やかな連合体に過ぎないとされ、院内幹事による誘導はあるものの、特に連邦制を反映して、全体として党議拘束は非常に弱い。そのため、大統領は党派を超えて重要法案への協力を要請することが日常化しており、ロビイングも活発である（⇒第9章・第5節）。

　連邦議会は、大統領の弾劾裁判を行ない、上院の3分の2の賛成をもって、大統領を解任することができる。過去に弾劾裁判によって解任された例はなく、ニクソン大統領は、議会による解任が不可避と見て、1974年8月9日、ウォーターゲート事件※※※の責任を取って辞任している（その後、副大統領のカーターが昇格）。

　　※　Deil S. Wright（1930～2009）。アメリカの政治学者。ノースカロライナ大学チャペルヒル校教授。
　　※※　大統領が、死亡・辞任・免職などで欠けた場合、大統領に昇格する要職。
　　※※※　1972年発生。共和党の第37代大統領ニクソン（Richard Nixon,1913～1994）の再選委員会関係者が、敵対する民主党本部（ワシントンD.C.のウォーターゲート・ビル）に侵入、盗聴器を仕掛けたことに始まるアメリカ政治史上最大のスキャンダル。事件を追及したワシントン・ポスト紙の記者2人の手記を基にした映画「大統領の陰謀」（原題「All the President's Men」）も有名。

[図表6-1] 大統領制と議院内閣制

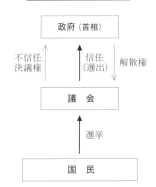

[出典] 加藤秀治郎ほか『新版 政治学の基礎』(一藝社、2002)

第2節 議院内閣制

◆◆ 「議院内閣制」とは

　議院内閣制とは、議会主義に立脚した政治システムのタイプの中で、内閣が議会の責任において形成されるものをいう。

　内閣は議会から選出され、議会からの支持を失えば、総辞職または解散のかたちで交代される。議会主義は必ずしもヨーロッパ固有のものではないが、近代議会主義の原型はヨーロッパにおいて形成され、次第に形式化・標準化されていったと考えてよい。その意味では、近代議会主義はヨーロッパ起源である。

　議会主義の発展は、近代イギリスにおいて顕著に見られた。イギリスの議会は、王権との対立を通じて、次第に権力を獲得するようになった。世界史的に言えば、ハノーヴァー家のジョージ1世[※]が英語を解さなかったため、実質的にウォルポール[※※]による責任内閣制が形成された。ウォルポールは"首相(同輩中の首席)"としてふるまったばかりではなく、1742年2月に下院における支持を失ったために総辞職した。これにより、責任内閣制の原理が確立したとされる。

　議会主義の母国とされるイギリスにおいては、内閣は慣習法的に存在するが、わが国の内閣法に相当する法律はない。

ウォルポール

　　※　George I(1660〜1727)。ドイツ語名ゲオルク・ルートヴィヒ。神聖ローマ帝国ハノーファー選帝侯家出身で、父の死後、選帝侯位を継ぐ。母がイギリス王室出身だったため、1714年から13年間、イギリス国王を兼ねた。
　※※　Robert Walpole (1676〜1745)。イギリスの政治家、貴族。「首相(第一大蔵卿)」の在任は20年に及んだ。

◆◆ 権力の融合

　議院内閣制は、三権分立の原理が徹底している大統領制とは異なり、行政府と立法府の密接な連携関係（緩やかな権力分立）が必要となる。行政権と立法権の融合は、バジョット※が指摘したものである。

　権力の融合とはいっても、行政権と立法権が完全に一体化するのではなく、内閣が議会多数派から選出される「責任内閣制」において、「内閣と与党の一体化＝人的な結合」

バジョット

が進むという意味である。国会は、野党を中心に政府を監視する役割を果たしている。中国、北朝鮮、ベトナム、キューバなどの民主集中制を採用する社会主義体制諸国を別にすれば、権力は互いに牽制しあい、限界づけられている。

　議院内閣制では、「行政と立法が融合する」というバジョット的理解は、内閣と政権党が一体化するイギリス的状況のことを指している。それでも、行政と立法にはそれぞれの役割があるため、議院内閣制であっても、直ちに三権分立を損なうということにはならない。

◆◆ イギリスの政治制度の特徴

(1) 立憲君主制

　イギリスは、清教徒革命以降、クロムウェル※※の共和制を短期間経験してはいるが、歴史的に君主制を採用し続けている。立憲君主制は、憲法に限界づけられた君主が統治する仕組みであり、今日において君主の役割は、ほぼ名目的存在にまで後退している。

　イギリスでは「（君主は）君臨すれども統治せず」※※※（バジョット）との命題が知られている。しかし、君主が何も役割を果たさないわけではなく、イギリスの国家元首は王（女王）である。イギリスでは、政府の施政方針演説は、国王演説（女王演説）というかたちで君主により代読されるが、その原稿は内閣が作成する。

　君主が憲法により限界づけられているとはいっても、イギリスは不文憲法（慣習法）の国であり、そこには単一の体系的な憲法典は存在しない。それでも、イギリスには「マグナ・カルタ（大憲章）」（1215）、「権利の請願」（1628）、「権利の章典」（1689）などの“憲法的文章”は存在している。

(2) 多数決型民主主義

　イギリスの政治制度は、国会議事堂の鎮座する場所から「ウェストミンスター・システム」とも呼ばれ、イギリス連邦諸国はもちろん、

　※　Walter Bagehot（1826～1877）。イギリスの思想家。有力紙「The Economist」編集長として政財界に影響を与えた。
　※※　Oliver Cromwell（1599～1658）。イギリスの政治家、軍人。国王チャールズ1世を処刑して共和制を敷いた。
　※※※　元々は、（バジョットはヴィクトリア女王時代の人なので）“The Queen reigns, but she does not rule.”であるが、“The Sovereign reigns but does not govern”という表現もある。

それ以外の国にとっても、統治機構の寄って立つべき雛型（ひながた）となっている。

「ウェストミンスター・システム」の特徴は、多数決型民主主義である。レイプハルト※は、多数決型民主主義を、合意型（合意形成型）民主主義に対比させた。その特徴は、小選挙区制、二大政党制、非対称的二院制（下院の優位）、単一主権国家などであり、二大政党制を基盤に機能する

イギリスの国会議事堂。ロンドン市内・ウェストミンスター宮殿の一部で、テムズ川を臨んで立つ。

多数派を形成し、意見の集約を重視する民主主義のあり方だと言ってよい。

与党と野党の対立も、内閣と影の内閣の対立に置き換えられ、野党第二党以下の存在は小さくなる。たとえば、党首討論では、首相と野党第一党党首（影の首相 Leader of the Opposition）の論戦が優先される。ドイツや日本のような政党助成金はないが、「影の内閣 Shadow Cabinet」には手厚い資金援助や特別な待遇がなされている。

日本の政治制度の特徴

（1）天皇制および議院内閣制

日本国憲法第1条は、天皇を日本国の「象徴」であり、国民統合の「象徴」と位置付けている。天皇の地位については憲法学的な論争があるが、ここでは立ち入らない。比較政治学的には、「象徴天皇制」は、立憲民主制のカテゴリーに入ると考えてよいだろう。

象徴天皇制と国民主権は矛盾（むじゅん）せず、実際の行政権は「内閣」に属する。しかし、日本には天皇制が存在するため、アメリカ、フランス、ドイツなどとは異なり、共和国ではない。日本国の正式名称は「日本」※※である。

（2）両院関係

国会は衆議院が参議院に対して、予算の先議等、いくつかの領域において優越している。首相（内閣総理大臣）の指名についても衆議院が優越しており、参議院における首相指名投票には、積極的な意味がない（⇒第5章・第4節）。

衆議院は、憲法第59条第2項の規定により、3分の2の特別多数によって参議院の議決を乗り越えられる。これを「衆議院の再議決」という。

衆議院・参議院両院の議決が異なるときに開かれる「両院協議会」では、両院の代表が同数であるため、議決の調整が不調となりがちである。政治が停滞することを避けるためには、何らかの両院関係の見直しが必要であろう。

※ Arend Lijphart（1936～）。オランダ出身の政治学者。カリフォルニア大学サンディエゴ校名誉教授。
※※「日本」の読みについては、2009年に麻生太郎首相（当時）の答弁がある。「『にっぽん』又は『にほん』という読み方については、いずれも広く通用しており、どちらか一方に統一する必要はないと考えている」（平成21年6月30日「衆議院議員岩國哲人君提出日本国号に関する質問に対する答弁書」）。なお日本銀行発行紙幣上の記載は「NIPPON GINKO」。

第**3**節 半大統領制

◆◆◆「半大統領制」とは

　半大統領制は、大統領制と議院内閣制を接合させたものであるから、独自の
カテゴリーとして分類しない場合もある。英米の政治が事実上のスタンダード
であると認識されていた20世紀後半までは、特にそうした傾向が強かった。

　しかし、1989年のベルリンの壁崩壊※と東ヨーロッパ諸国の民主政体への移
行を経験して以降、大統領制と、議院内閣制ないしは議会主義を接合させるこ
とは、権威主義的な大統領と、多元的な議会が複雑な政治構造をもたらし、単
純な大統領制に比べて、かえって体制の安定に帰することがあった。多元的な
民主主義の歴史が浅い体制移行（元・社会主義）諸国では、議会は結果的に独裁的
な大統領を牽制する役割を果たした。

　半大統領制を比較政治学的に定義づけたのは、フランスの政治学者であるデ
ュヴェルジェ（⇒第7章・第1節）である。それは、フランスの第五共和制※※が半大統
領制であったからに他ならない。第五共和制でも、間接選挙で大統領が選出さ
れていた体制初期と、1962年の憲法改正後では、大統領の役割は大きく様変わ
りした。ドゴール大統領（在任1959〜1969）は、大統領制を強化し、大統領権
限を憲法の規定以上に拡張させようとする「帝王的な」権力スタイルを好んだ
ため、第五共和制の大統領の権限は、時間の経過とともに広がった。

　国民から選ばれる「公選制大統領」
と議会多数派から選ばれる「首相」
の組み合わせが、半大統領制の要諦
（中心的な構成要素）である。

　必然的に大統領と首相の二元的統
治を招くため、議会の党派的支持の
あり方によっては、権力の不整合が
生じる場合がある。

　大統領と首相の所属党派が異なる
分割政府的な状況を、フランスでは
「コアビタシオン（保革共存）」と呼ん
でいる。

フランス大統領・ドゴール（Charles de Gaulle,
1890〜1970）と、訪仏してエリゼ宮（大統領府）
で会談したアメリカ大統領・ケネディ（John F.
Kennedy, 1917〜1963）。1961年5月。

※　第二次大戦敗北後、ドイツは東西に分割され、東ドイツはソ連の影響下におかれた。1961年8月、西側との自由な往来を
　　さえぎるために建設されたのが「ベルリンの壁」。1989年11月、壁は破壊され、1990年に東西ドイツは再統一した。
※※　現在まで続くフランスの政治体制。1958年、首相だったドゴールが新憲法を提示して国民投票を実行。承認後、
　　ドゴールが大統領に就任して開始された。

大統領と首相の二元制

　大統領制における政府の長は大統領である。そのため、行政府内部において権力の不整合は存在しない。大統領制における権力不整合とは、議会多数派が大統領支持派ではない場合であり、それは「分割政府」と呼ばれる。

　アメリカでは、大統領が上院・下院のどちらか一方の多数派を失えば、分割政府と呼ばれる状態になる。もし上院・下院の両方の多数派を失えば、その大統領は法案をほとんど通せなくなるので、事実上レームダックになりかねないことになる。

　ドイツやイタリアのような「議院内閣制」の場合は、首相が政府の長となる。大統領は、限りなく儀礼的な存在にまで後退するが、その影響力はまったくゼロというわけではない。

　たとえば、多党制のイタリアでは、大統領が組閣可能性を見越して、首相を指名する。選挙の結果がクリアであれば、そこに問題は発生しないけれども、多数派の形成が難しかったり、上院・下院の結果が不一致であったりすると、大統領は首相を誰に指名するか、裁量権を持つことになる。イタリアの首相は民間人からも選ばれることがあるため、大統領の政府選択に関する裁量権は、時には立憲君主制の君主（国王）よりも大きくなる。

　半大統領制においては、大統領と首相の関係は、議会多数派の選挙結果によって大統領の権力が強くなったり、弱くなったりする。大統領を支持する議会多数派が形成されていれば、半大統領制における行政の主導権は大統領が掌握する。大統領が議会多数派の支持を失った場合には、今度は議会多数派を掌握している首相が行政の主導権を掌握することになる。

　フランスでは、大統領府はエリゼ宮、首相府はマティニョン館と、別々の建物※に置かれている。大統領が自分の党派の中から自分に言いなりの首相を指名すれば、名実ともに大統領が政府の長となる。逆に、国民議会議員（下院）選挙の結果、大統領に敵対する党派が多数を占めれば、（外交や防衛を除く）内政面では、首相が政府の長となる。

　フランスでは、外交や防衛は大統領に「留保された領域」であると考えられている。また、大統領は国民の一般意思の表現である「法案」への署名（連署）を拒むことはなく、議会多数派の意思は尊重されている。

　「コアビタシオン」は、大統領の任期が7年、国民議会（下院）の任期が5年であったため、民意が変化すれば、常に発生し得るものであった。現在では、大統領任期が5年に短縮され、国民議会議員選挙は大統領選挙後に行なわれるため、選挙結果の矛盾は生じにくくなっている。

　※　エリゼ宮はセーヌ川の北（パリ第8区）、マティニョン館はセーヌ川の南（パリ第7区）。2km以上離れている。

◆◆フランス政治制度の特徴

（1）中央集権的官僚制国家

　フランスは、国家の存在感が圧倒的に大きい。国家機構は大規模かつ複雑で、外部からは錯綜しているようにさえ見える。典型的な官僚制国家であり、中央集権国家のモデルである。フランス革命期に形成された集権的行政機構は、その後、軍人から皇帝となったナポレオン（1769〜1821）の支配によりヨーロッパ大陸各地に移植された。1980年代以降の地方分権改革により、フランス本国でも変容しているとはいえ、「単一不可分の共和国」モデルの骨格は、依然として維持されている。

　国会は、国民議会と元老院からなる二院制である。このうち、元老院は直接国民が直接選挙するのではなく、議員などの地方代表が選挙人となる「間接選挙」を採用している。そのため、民主的な議会である国民議会が元老院に対して優越しており、政府（内閣）が直接責任を負っているのは、国民議会に対してである。

　元老院はイギリスの貴族院（⇒第5章・第4節）ほどは無力ではなく、自由に法案を修正したり、拒否したりすることができる。政府は、最終議決を国民議会に要請できるので、一般法案に対する国民議会の優越は確かであるが、憲法・組織法に対しては、国民議会と同等の権力を有する。

　第五共和制のフランスの国会は「合理化された議会」と呼ばれ、立法の範囲が最初から制限されるなど、設立の経緯から行政主導の政治制度となっている。

（2）共和制と世俗主義（ライシテ）

　フランスは、憲法第89条第5項の規定により、「共和制」を変更できない。ナポレオン3世※の第二帝制（1852〜1870）が崩壊し、第三共和制（1870〜1940）が成立して以降、ヴィシー政権※※、第四共和制（1946〜1958）、第五共和制と共和制が連続している。

　第五共和制憲法には、人権規定がない。そのため、その前文において、第四共和制憲法前文でも確認されている「1789年人権宣言」を追認している。

　共和制はあらゆる宗教的権威から中立であり、政教分離が徹底されている。「世俗主義」（ライシテ）の原則は、国是とされている。移民の流入が続く中で、イスラム教徒の存在が無視できないレベルとなっており、近年では、スカーフ問題※※※等、公共空間や公教育における宗教性の排除が新しい争点となっている。

[増田　正]

※　Napoléon III（Louis-Napoléon, 1808〜1873）。皇帝ナポレオン・ボナパルトの弟の子。第二共和政の大統領（在任1848〜1852）を経て、第二帝政の皇帝（在位1852〜1870）。プロイセン（後のドイツ帝国）との戦争（1870〜1871）に敗れ、失脚。
※※　1940〜1944年。第二次大戦中、フランスはナチス・ドイツに占領され、パリを中心に国土のほとんどが軍政下におかれた。ただ、ドイツと協調を図った勢力があり、中部の保養地ヴィシーに首都を置いたため、この名で呼ばれる。
※※※　1989年、パリ近郊の公立中学校で、イスラム系の女子生徒がスカーフ（ヒジャーブ）の着用を理由に教室への入室を禁止された。2011年には、（旅行者を含め）原則として、公共の場で頭部を覆うものの着用を禁止する法律が成立した。

第7章

政党・政党制、および日本の議会政治

=== ✂ **本章のキーワード** ✄ ===

☐ 政党の機能 　　　　☐ 競合的政党制
☐ 名望家政党／大衆政党　☐ 超然内閣／藩閥政治
☐ デュヴェルジェ 　　　☐ 護憲運動／「憲政の常道」
☐ サルトーリ 　　　　☐ 普通選挙
☐ 非競合的政党制 　　　☐ 55年体制

　政党は、人類の歴史において、比較的新しい概念であり、イギリスを起源として発達してきた。この章では、政党の定義・機能・歴史や、政党制の類型、日本の議会政治と政党について記していく。

第1節 政党・政党制の類型

◆◆ 政党の定義

　政党とは、政策や理念、主張などに一定の共感を得た者同士が、それらの実現のために、一体として行動する組織・集団のことを指す。また政党は、選挙を通して政権の獲得や維持を目的していることから、第9章で言及する圧力団体とは、分けて捉える必要性がある。

　なお、政党の定義はいくつか存在しており、適切な定義づけは難しい。

　たとえば、イギリスの政治家、思想家で、「保守主義の父」と呼ばれたバーク（⇒第3章・第2節／第5章・第1節）は、「政党とは全員が同意している特定の原理によって国民的利益を推進するための集団である」と述べており、政党は公共の福祉

を実現するための集団であると定義づけている。

　一方で、モラヴィア(現・チェコ)出身の経済学者シュンペーター(⇒第4章・第5節)は、「政党とは政治権力をめぐる競合的闘争を展開するための集団である」と述べており、政党は権力を握るために競争を行なう集団であると定義づけている。それぞれの時代背景や思想に基づいて、その定義づけは異なるが、現在一般的とされている考え方としては、冒頭で述べたような定義が望ましいと考えられる。

◆◆ 政党の機能

　政党の機能は、主に4つあるとされている。

　①利益集約機能 —— われわれの住む社会にはさまざまな価値観が存在しており、多元化しているといっても過言ではない。政党には、このような社会に存在する多種多様な利益・要求・意見を国民の声として集約し、まとめあげる機能があるとされている。

　②利益表出機能 —— 政党は、国民の声を集約したのち、それらを議会という公の場で表明・代弁し、政府に伝達することが求められる。

　③政治的補充機能 —— 3つめは、「政治的補充機能」が挙げられる。政党は、党内における幹部の育成を通じて首相や大統領候補を送り出したり、一般人から国会議員の新規補充を行なったりすることが求められる。

　④政治教育機能 —— 政党は有権者に対して、自身の政策を訴えたり、社会問題を提示したりすることで、政治に関する情報をやりとりし、結果として国民を教育する機能があるとされている。

◆◆ 日本の自民党の場合 —— 「党三役」は首相になる条件か

　戦後の日本では「55年体制」と呼ばれる自由民主党(以下、自民党)の一党優位制が続き、一時下野したものの、現在にいたるまで、ほぼ自民党を中心とした政権が維持されてきた(⇒本章・第2節)。

　よって、自民党の党首にあたる総裁は、首相(内閣総理大臣)を兼ねていることが多く、その場合は「総理総裁」とも呼ばれる。田中角栄※(総理総裁在任1972〜1974年)は、首相になるための条件として、①党三役と呼ばれるポストのうち、幹事長、総務会長、政調会長※※のいずれかの役職を経験していること、②蔵相(現・財務相)、外相、通産相(現・経産相)の主要大臣ポストのうち、いずれか2つを経験していることなどを挙げていた。

田中角栄

※　1918〜1993。田中自身は、党政調会長、蔵相、党幹事長、通産相を経て党総裁。首相として当初、各種機関調査で70%の高い支持率を集めるが、金脈問題で辞任。ロッキード事件発生、自民党離党後も、国政に影響力を残した。
※※　幹事長は、総裁(首相)に代わって党務全般を握るナンバー2。総務会長は、党内の最高意志決定機関である総務会(定員25名)の議長。政調会長は、党の政策の調査と研究、国会提出の法案を検討する政務調査会の代表。

　これにより、田中の後を継いだ三木武夫（在任1974〜1976）、福田赳夫（在任1976〜1978）、大平正芳（在任1978〜1980）は、上記の①②の条件を満たして、総理総裁となったのである。やがて、この条件は徐々に緩和されていった。

　近年では、安倍晋三（在任〔第一次〕2006〜2007）、麻生太郎（在任2008〜2009）らが部分的に条件を満たしているが、小泉純一郎（在任2001〜2006）、福田康夫（在任2007〜2008）にいたっては、上記の条件をまったく満たしていないことになる。

◆◆ 政党の歴史 —— 起源と変遷

　政党の起源は各国において異なり、日本では19世紀に板垣退助が愛国公党を結党、アメリカでは18世紀において連邦党、民主共和党などの活動がみられる。そして、日米よりも古い歴史を持つのがイギリスで、17世紀まで遡ることができる。

　イギリスは、1678〜1681年の王位継承問題によって、議会内で徒党を組むようになったことが、政党の起源とされている。この当時のイギリス王は、ピューリタン革命後に王政復古を果たしたチャールズ2世であったが、次のイギリス王として弟のジェームズが候補に挙がっていた。

　ジェームズはカトリック教徒であったため議会の賛否は分かれたが、このときにジェームズの即位に賛成の立場を表明した集団のことを、「トーリー」と呼び、反対の立場を表明した集団のことを「ホイッグ」と呼んだ。

　これがトーリー党とホイッグ党の始まりとなる。トーリーとはアイルランド語で"ならず者"のことを意味し、ホイッグとはスコットランド語で"馬泥棒"のことを意味する。

　その後、チャールズ2世が1685年に亡くなると、ジェームズが即位し、ジェームズ2世を名乗ることになる。しかし、ジェームズ2世は専制主義に基づく政治を行なったため、名誉革命（1688〜1689）によってイギリスを追放されることになった。この革命を境にイギリスでは政党の力が活発化していき、ウィリアム3世（在位1689〜1702）の時代には議会における多数派が内閣を組織するという政党政治が確立するにいたった。

　そして、19世紀に入ると、トーリー党は「保守党」（Conservative Party）と名称を変更し、ホイッグ党もまた同時期に「自由党」（Liberal Party）※と名称を変えて、新たに誕生した市民社会の下、本格的政党として発達していった。

　19世紀当時は、一定の税金を納めている市民のみが参政権を持つという制限選挙が実施されており、選挙権を行使する市民も被選挙権を行使する市民も、

※　自由党は1988年、社会民主党（労働党右派が労働党を離脱して結成した政党）と合併して社会自由民主党となり、1989年に「自由民主党（Liberal Democrats）」と改称した。

財産と教養を持つ人々であった。このような19世紀における市民社会における政党のことを「名望家政党」と呼ぶ。

名望家政党は地元の有力者で構成されているため、彼らの個人的な影響力や人間関係を利用して集票活動を行なった。したがって、彼らは議員を中心とした院内政党として活動を行なっており、寡頭制化（かとうせいか）・組織化も進んでおらず、政党としての規模は小さかった。

しかし、20世紀に入ると名望家政党は、その特徴を大きく変貌せざるを得なくなる。イギリスで1918年に普通選挙（21歳以上の男子と、30歳以上の女子に選挙権）が導入されると、有権者は飛躍的に増加し、もはや、名望家たちの影響力のみで選挙活動を行なうことは、事実上、不可能になった。名望家政党は、おとずれた大衆社会への対処に迫られることになったのである。

これにより、従来の政党は規模を拡大させながら、寡頭制化をすすめていった。同時に、大衆を党員として組織化して、院外政党としての活動を広げていったのである。このような政党のことを「大衆政党」と呼び、イギリスにおける保守党や、労働党（Labour Party）※といった政党は、名望家政党から大衆政党への発展に成功したと考えられている。

現在は、議会制民主主義を採用している国家の主要政党のほとんどが、多かれ少なかれ"大衆政党の性格"を持ち合わせており、アメリカの共和党や民主党、日本の自民党なども例外ではない。

◆→ 政党制の類型

（1）デュヴェルジェからサルトーリへ

政党制の類型は、フランスの政治学者のデュヴェルジェ※※によって、一党制、二大政党制、多党制の3つに類型化された。

その後、イタリアの政治学者であるサルトーリ※※※が上記の3類型をさらに発展させ、7つの分類によって政党間の関係の説明を試みた。これにより、政党制の類型はさらに精緻（せいち）なものとなったと考えられるため、以下、サルトーリの分類についてみていきたい。

サルトーリは政党制を、非競合的政党制と、競合的政党制に分類した。そして、非競合的政党制を、①一党制、②ヘゲモニー政党制の2つに分類し（合わせて一党独裁制と表現することもある）、競合的政党制を、❶一党優位制、❷二大政党制、❸穏健な多党制、❹極端な多党制、❺原子化政党制の5つに分類したのである。

なお、非競合的か、競合的かの違いは、法的に政党間の競争が認められているかどうか、制度的に政権交代が認められているかどうかの差である。

※ 1906年、複数の労働団体と、社会民主主義を目指す知識人らのグループによって結成。1945年に誕生し戦後の世界の福祉政策に影響を与えたアトリー内閣や、1997年に誕生しアメリカのブッシュ政権と親密だったブレア内閣など。
※※ Maurice Duverger（1917～2014）。政党制と選挙制度研究で高名。時事評論でも活躍。ソルボンヌ大学教授。
※※※ Giovanni Sartori（1924～2017）。比較政治学、政党システム研究の権威。（アメリカ）コロンビア大学教授。

(2) 非競合的政党制

まず、非競合的政党制について説明する。

①一党制──１つの政党のみがその存在を許されている体制のことである。現在であれば、キューバ（キューバ共産党）、ベトナム（ベトナム共産党）といった国、過去に存在した国で象徴的なものは、ナチ党独裁下のドイツ（ドイツ第三帝国）、ソ連共産党支配下のソ連（ソビエト社会主義共和国連邦）などの国が挙げられる。

②ヘゲモニー政党制──複数の政党が存在し、あたかも多党制のような形態をとっているかのようにみえるが、実際は、１つの政党が支配的地位を担保されており、独裁が確保されている体制のことである。現在であれば、中国（中国共産党が独裁）や北朝鮮（朝鮮労働党が独裁）といった国が該当する。

(3) 競合的政党制

次に、競合的政党制について説明していく。

❶一党優位制──「一党優位政党制」とも呼ばれる。自由で公正な選挙が行なわれているが、結果として、特定の政党が勝利し続けて政権を担うという体制である。代表的な事例としては、「55年体制」(⇒本章・第2節)下における日本が該当する。

❷二大政党制──「二党制」とも呼ばれ、いくつかの政党が存在するものの、特に２つの大政党が単独で、交互に、政権を担うという体制である。アメリカ（共和党と民主党）、イギリス（保守党と労働党）といった国が代表例として挙げられる。

❸穏健な多党制──主要な政党が３〜５つ存在し、連立政権を樹立しながら政治の運営を行なっていくという体制である。主要政党間のイデオロギーの違いは比較的小さいため連立交渉もまとまりやすく、政権自体も安定することが多いとされている。現在のドイツがその代表例として挙げられる。

❹極端な多党制──「分極的多党制」とも呼ばれる。主要な政党が６〜８つ存在し、連立政権を樹立して政治の運営を行なっていく体制である。前述の穏健な多党制とは異なり、政党間のイデオロギーの違いは大きい。よって、連立交渉はまとまりにくく、政権自体も不安定であることが多い。また、反体制政党が存在することも特徴の１つとして挙げられる。代表例は1993年までのイタリアが挙げられる。

❺原子化政党制──「原子的状況」とも呼ばれる。この体制は「極端な多党制」以上に多くの政党が乱立している。マレーシアなどが代表例とされる。また、本来の区分けは異なるが、政治の混乱期において、一時的にこの状態になることもある。

第2節 日本の議会政治と政党

　日本において、憲法の下、議会政治が行なわれたのは、1890年（明治23）からである。この節では戦前・戦後における議会政治と政党について述べていく。

◆━◆明治時代の議会政治 ──「超然内閣」と薩長藩閥

　1889年（明治22）2月11日、大日本帝国憲法（明治憲法）が公布され、翌年の11月29日に施行されると、これにともなって帝国議会も開設され、日本の議会政治が本格的に始まった。

　大日本帝国憲法はドイツ帝国憲法の影響を受けているため、議院内閣制ではなく「超然内閣制」を採用していた。このことは、首相は議会の多数派から指名されるのではなく、議会の勢力図と無関係に、天皇に任命されるということを意味している（実際には、「元老※会議」で次の内閣が決まった）。よって、明治維新より影響力を保持してきた薩摩・長州（薩長）の藩閥出身者たちは、内閣を率いることで、引き続き政治に関与していったのである。

　一方、1873年（明治6）の征韓論争や、1881年の「明治十四年の政変」によって、政府から追放された土佐・肥前各藩出身の勢力は、下野しても薩長藩閥政治を批判し続けた。彼らは政党を結成し、国民からの支持を得ることで、帝国議会において薩長藩閥政治と対決することになった。

◆━◆初期議会から初の政党内閣誕生へ

　1890年（明治23）に始まった第1回帝国議会においては、板垣退助（土佐出身）が率いる立憲自由党、大隈重信（肥前出身）が率いる立憲改進党が、それぞれ130議席、41議席を獲得し、衆議院における多数派を獲得したのである。彼らは、民権派政党として政府と対決姿勢を鮮明にしていたため、「民党」と呼ばれた。これに対して、政府に融和的な態度で臨んだ政党のことを「吏党」と呼ぶ。

　帝国議会開設の際の内閣は、長州出身の山縣有朋が率いていた。これにより、超然主義を標榜し、軍備拡張を目指す第1次山縣内閣（1889〜1891）と、政費節減・民力休養を主張する政党勢力の対立は、予算をめぐって決定的となる。

　だが、農商務相・陸奥宗光（紀伊出身）を介して立憲自由党の一部を切り崩したため、辛くも予算は成立した。その後、松方正義（薩摩出身）、伊藤博文（長州出身）が2度にわたって内閣を組織し、板垣や大隈を内閣に取り込むことで政党との提携を一時可能なものとしたが、なかなか政権は安定しなかった。

　　※ 明治〜昭和前期に、重要課題について天皇の諮問に答えた超法規的な政治家グループ。長州出身の伊藤博文、山県有朋、井上馨、桂太郎、薩摩出身の黒田清隆、松方正義、西郷従道、大山巌、公家出身の西園寺公望。1940年、西園寺の死で消滅。

　そして、第3次伊藤内閣の際、自由・進歩党（旧・立憲改進党）が合併した憲政党が成立したことで、伊藤は議会運営に対する見通しを失い、1898年6月、第1次大隈内閣（「隈板内閣」：首相＝大隈、内相〔内務大臣〕＝板垣に由来）が成立した。これにより、憲政史上初の政党内閣が誕生することになった。だがこの内閣は、与党である憲政党が内部分裂（憲政党と憲政本党）を起こし、わずか4カ月で退陣している。

◆◆ 桂園時代 —— 伊藤・山縣の後継者による議会政治

　伊藤は早くから政党政治の必要性を感じていたが、山縣などの反対にあい、なかなか実現できないでいた。伊藤の意向を知った憲政党の星亨※は、同党を解党させ、1900年（明治33）、伊藤を総裁とする立憲政友会を結成した。伊藤は立憲政友会を与党に、第4次内閣（1900～1901）を成立させた。
　その後、伊藤の後を継いで政友会総裁となった西園寺公望※※と、山縣の実質的な後継者である桂太郎が交互に政権を担当したため（桂が3回、西園寺が2回組閣）、「桂園時代」と呼ばれた（1901～1913）。この時代は、軍や官僚に影響力のある桂と、政党総裁として衆議院に基盤を持つ西園寺が協力し合って政権運営を行なっていったため、それまでの議会運営に比べると安定的であったといわれる。
　しかし、第2次西園寺内閣（1911～1912）の際に、山縣と陸軍は2個師団の増設（2万人規模の軍事予算拡大）を強く要求し、西園寺が財政難から拒否したため、内閣と陸軍の対立は先鋭化した。やがて陸相の上原勇作（薩摩出身）が単独で辞任し、陸軍が後継の大臣を出さなかったため、西園寺は総辞職を余儀なくされた。
　これによって、元老会議は桂が3度目の組閣を行なうことを決定したが、元老や陸軍が、（西園寺与党の政友会による）政党内閣を倒閣したことに政党と国民が反発し、「閥族打破・憲政擁護」を掲げて護憲運動（第1次）が起きたのである。

[図表7-1] 藩閥政治と反対する政党グループの関係

　※　1850～1901。江戸（現・東京）の庶民出身。苦学して弁護士。自由党入党後、政府批判で名をはせる。進歩党と合併後は憲政党。立憲政友会創設に貢献、第4次伊藤内閣の通信相に入閣。東京市会議長在任中、収賄疑惑などへの批判から刺殺。
　※※　1849～1940。公家出身。戊辰戦争従軍後フランスに留学。伊藤博文に従い憲法調査のため再び渡欧。伊藤内閣で度々入閣。2度の首相経験を経て第一次大戦のパリ講和会議全権。晩年は「最後の元老」として首相候補を天皇に推薦する役割を担った。

◆◆ 政党内閣の興隆と終焉 —— 男子普通選挙と「憲政の常道」

　第1次護憲運動によって、第3次桂内閣（1912～1913）が短期で退陣したのちは、第1次山本権兵衛内閣（1913～1914）が成立し、立憲政友会を与党とした（同党総裁・原敬が内相で入閣）。以後、寺内正毅内閣や清浦奎吾内閣といった政党と距離をおく内閣も現れたが、立憲政友会を中心に政党を基盤とする政党内閣が続いた。

　1924年（大正13）、「護憲三派」（立憲政友会、憲政本党系の革新倶楽部、憲政会）による第2次護憲運動で清浦内閣が退陣に追いこまれると、護憲三派を与党とする加藤高明内閣（1924～1926）が誕生した（加藤は憲政会総裁）。加藤内閣では、普通選挙法（満25歳以上の男子全員に投票権）が、治安維持法※と共に成立している。以後、立憲政友会、（憲政会の後身の）立憲民政党による2大政党の総裁が内閣を組織し、与党・野党の交代で政権を担う「憲政の常道」が続くことになった。

　しかし、1932年（昭和7）の「五・一五事件」によって、立憲政友会総裁だった首相・犬養毅が暗殺され、犬養内閣（1931～1932）が崩壊する。その後は、軍部の意向を反映し、「挙国一致」を唱え全政党を統合する翼賛体制が構築されていき、政党内閣は、1945年の第二次世界大戦終結後まで復活することはなかった。

[図表7-2] 普通選挙法を成立させた加藤高明内閣の主要閣僚

加藤高明・首相
1860～1926。現・愛知県出身。三菱財閥の総帥・岩崎弥太郎の娘婿。初入閣は、第4次伊藤内閣の外相。1926年、首相在任のまま病没。

若槻礼次郎・内相
1866～1949。現・島根県出身。大蔵次官を経て、第3次桂内閣の蔵相で初入閣。最初の首相時に、昭和金融恐慌(1927)、第2次内閣で、満洲事変(1931)が発生。

高橋是清・農商務相
1854～1936。現・東京都出身。渡米して苦学。帰国後、農商務省、日銀に勤務。初入閣は、第1次山本内閣の蔵相。1921年に首相。1936年、「二・二六事件」で暗殺。

犬養毅・逓信相
1855～1932。現・岡山県出身。新聞記者を経て立憲改新党に参加。初入閣は、第1次大隈内閣の文相。尾崎行雄と共に護憲運動を推進。1932年「五・一五事件」で暗殺。

幣原喜重郎・外相
1872～1951。大阪府出身。農商務省を経て外務省勤務。加藤内閣の外相で初入閣。これ以後、4度外相。敗戦後の1945年10月、東久邇内閣総辞職の後をうけ、首相。

◆◆ 戦後の政党復活と政権交代 —— 完全普通選挙と自民党の誕生

(1) 「55年体制」の誕生

　第二次世界大戦の敗戦は、日本の政党内閣が復活するきっかけとなった。まず1946年（昭和21）4月10日には、戦後初（また、大日本帝国憲法下で最後の）衆議院選挙が行なわれた。女性参政権も認められたため、日本は「男子普通選挙」から「完全普通選挙」（⇒第8章・第1節）へと移行した※※。同年11月公布（施行は翌年5月）の日本国憲法にも「成年者による普通選挙を保障する」（第15条）と明記されている。

※　国体の変革、私有財産の否定など、当時の社会主義を標榜する結社を規制・処罰するための法律。その後改正され、政府や国策に反するとされるあらゆる思想・言論の自由を取り締まるための手段に利用された。1945年廃止。
※※　女性は(466議席のうち)、39人が当選。また、同月20日の第1回参議院議員選挙(議席数250)では、10人の女性が当選した。

これにともない、立憲政友会の流れを汲む日本自由党や、立憲民政党の系統に属する日本進歩党といった保守政党から、日本社会党、日本共産党といった革新政党まで、多くの政党が復活、結成された。

この中で、日本社会党は、1951年（昭和26）のサンフランシスコ平和条約や、日米安全保障条約の是非などをめぐって、左派と右派に分裂した。しかし、1955（昭和30）年2月の選挙では、憲法改正・再軍備化に抵抗するため、改憲阻止に必要な議席数を左派と右派で確保し、10月にはこれら2つの派閥の統一を行なった。

自由民主党結党大会
1955年11月。同年2月の衆議院議員総選挙（定数467）で、日本民主党（総裁・鳩山一郎）は185議席、自由党（総裁・緒方竹虎）は、112議席獲得していた。

このような革新政党の党勢拡大は、保守政党や財界を中心に危機感を抱かせた。この事態に対抗するため、保守陣営では自由党と日本民主党が合流して、11月に自由民主党（以下、自民党）を結成した。この1955年から1993年（平成5）まで約40年間続いた自民党一党優位の政治体制※のことを「55年体制」と呼ぶ。

(2) 中選挙区制度から小選挙区比例代表並立制へ

「55年体制」が成立した結果、自民党は国会において単独過半数の議席を確保し続けることとなった。一方で、日本社会党からは右派が脱党して、1960年（昭和35）に民主社会党（民社党）を結党し、1964年（昭和39）には公明党※※が作られるなど、野党は多党化が進んでいき、単独政党で自民党に対抗できる勢力はいなくなった。

また、1947年（昭和22）4月の衆議院議員選挙からは「中選挙区単記投票制」が採用された。この制度は、全国にいくつかの選挙区を設置し、その選挙区から3〜5人の議員の選出する仕組みで、有権者は1人の氏名を記す（⇒第8章・第2節）。

この中選挙区制のもとで、自民党が国会において単独過半数議席を維持するためには、同じ政党内から複数の候補者を立候補させなければならない。結果として、《自民党 対 日本社会党》といった、政党選挙の本来の趣旨から外れて、《田中（角栄）派 対 福田（赳夫）派》のような「派閥選挙」という側面を併せ持った。

こうした自民党での派閥党争は、自派強化のために資金繰りをも激化させていき、1988年（昭和63）にはリクルート事件、1992年（平成4）には佐川急便事件、翌年のゼネコン汚職事件といった贈収賄事件が明るみに出ると、政権与党である自民党に対する国民の不信感は頂点に達した。

自民党内からも政治改革を望む声があがったため、党内では「小選挙区比例

※ この間、日本社会党が野党第一党として対抗していたため、「保革（保守・革新）対立」時代とされる。なお日本社会党は、1994年には村山富市を首班とする自民・さきがけとの連立内閣以降、議席数が激減。1996年、社会民主党に改称。
※※ 宗教法人（仏教系）創価学会が支持団体。1980年代は野党共闘も模索したが、20世紀末以降、自民党との連携を深め、2009〜2012年の民主党政権時に野党だった期間を除いて、自民党と連立政権を組む（2020年現在）。

代表並立制」導入の検討を始めたが、与党内での調整は難航した。結局、宮澤喜一内閣（1991〜1992）の時、政治改革法案が議論されたが、与野党から反発されると、1993年（平成5）6月、宮澤首相は解散総選挙を選んだ。これによって、自民党の小沢一郎、武村正義、羽田孜などの国会議員が離党し、新生党、新党さきがけといった政党を立ち上げて、同年7月の衆議院選挙に臨んだ。

　この選挙で自民党が大敗を喫して「55年体制」が終焉を迎え、日本新党の細川護熙を首相とした連立政権が発足した（この細川政権時に、公職選挙法を改正、「中選挙区制」に代わって「小選挙区比例代表並立制」〔⇒第8章・第4節〕が導入され、2年後の、1996年衆議院議員総選挙から実施されている）。細川内閣の後、羽田内閣が成立するが短命に終わり、「非自民連立政権」はわずか10カ月で幕を閉じた。

（3）民主党政権とその後の自民党政権

　1994年、自民党は日本社会党の村山富市を首相として連立政権を組み、いわゆる「自・社・さ政権」を成立させて政権復帰を果たした。

　一方、再び野党となった非自民連立勢力は離合集散を経て、1998年（平成10）には民主党に合流することで、自民党と対抗する構えをみせた（当時の民主党代表は菅直人）。

　そして、2003年の衆議院選挙では、自民党が237議席獲得したことに対して、民主党は177議席を獲得し、二大政党を形成するにいたったのである。

　さらに、2009年の衆議院選挙において、民主党は300議席を超える議席を獲得して政権交代を果たし、社会民主党（旧・日本社会党）、国民新党（自民党離党者が結党）と連立政権を

民主党の勝利を伝える新聞各紙
2009年8月の衆議院議員総選挙で、民主党は自民党に圧勝した。だが2012年の総選挙で173議席減らす惨敗で、自民党に政権を譲った。

組んだ。この政権では、鳩山由紀夫、菅直人、野田佳彦といった民主党代表の衆議院議員が首相をつとめたが、3年あまりで再び自民党に政権の座を明け渡すことになった。

　なお、2009年の政権交代の際、自民党と民主党による二大政党制が確立したかにみえたが、その後の民主党は迷走して2016年（平成28）に解党されている※。

　2012年には、第2次安倍晋三内閣が成立して※※、2020年現在にいたるまで、自民党が公明党と連立した長期政権を築いている。

［半田英俊］

　※　立憲民主党と国民民主党に分裂したのち、2020年9月に、国民民主党の多数議員が合流した立憲民主党となる。
　※※　安倍内閣は、第3次（2014〜）、第4次（2017〜）と続き、2020年9月に持病の再発を理由に辞任を表明。自民党総裁選挙を経て、菅義偉（すが・よしひで）が後継となった。

第8章

選挙制度、投票行動、および政治資金

第8章

━━━ ❀ 本章のキーワード ❀ ━━━

- ☐ 選挙の4つの原則
- ☐ 大選挙区制/小選挙区制/比例代表制
- ☐ アメリカの大統領選挙
- ☐ 衆議院議員選挙
- ☐ 参議院議員選挙
- ☐ 「1票の格差」
- ☐ 義務投票制
- ☐ コロンビア・グループ
- ☐ ミシガン・グループ
- ☐ 争点投票モデル
- ☐ 業績評価モデル
- ☐ 政党交付金

第1節 選挙制度の原則

◆━◆ 選挙とは代議制民主主義の手法

　民主主義の起源は、古代ギリシアにおける都市国家の1つであったアテネの政治とされる。アテネでは、政策決定権はアテネ男子市民にあり、直接民主主義に基づく政治が行なわれていた。

　アテネでみられた政治形態を古代民主主義と呼ぶが、やがて近代に入ると、この考え方は代議制と結びつき、近代民主主義へと変貌した（⇒第4章・第1、第2節）。

　これにより、現在では国民が直接、政治決定（直接民主主義）を行なうのではなく、国民が選んだ代表が政治決定を行なうという「代議制民主主義（代表制民主主義、間接民主主義）」が採用されている。

　この代表を選ぶ際に用いられる手法が、選挙と呼ばれるものであり、民主主義を下支えする制度の1つとして重要な役割を果たしている。

◆◆ 選挙の４つの原則

アメリカ、イギリス、日本といったような先進諸国においては、より民主的な選挙を行なうために、以下の４つの原則に基づいて投票がなされている。

（1）普通選挙

この原則は、その国の国民であり一定の年齢に達したならば、人種や性別、財産などによって選挙権を制限してはいけないとするものである。

かつて、先進諸国においても、有色人種であることや女性であること、一定の納税をしていないことを理由に選挙権を制限していた（制限選挙）歴史があったが、現在では完全普通選挙を実施している（⇒第4章・第3節）。

（2）平等選挙

この原則は、1つめの原則と同じく、いかなる国民であっても１人１票とし、投票価値は各人によって変えてはいけないとするものである。、日本の選挙において、「１票の格差」（⇒本章・第4節）が問題となるのは、この原則が徹底されていないことに起因する。

（3）直接選挙

この原則は、自らの代表を直接選ぶとした考え方で、先ほど触れたように、先進諸国では、一部例外はあるものの、「下院」（⇒第5章・第4節）ではこの原則が用いられる。

ちなみに、アメリカの大統領選挙の場合は、その歴史的背景から、有権者が「選挙人」を「直接選挙」で選び、選挙人が大統領候補の中から大統領を選ぶといった形式上の「間接選挙」を導入している（⇒本章・第3節）。

（4）秘密選挙

この原則では、誰が誰に投票したか分からない「無記名投票」で選挙が実施される。これは自由な意思に基づいて投票を行なうためであり、無記名投票の対義語でもある「記名投票」で行なうと、公正な選挙が行なわれない可能性が出てくる。

以上の４つに、「自由投票」の原則を加えて、5つの原則とする場合もある。ちなみに、これらの原則は、投票に行かない自由をも保障するものであるが、一方で、先進国の中でもオーストラリアは強制投票（義務投票）制が採用されており、正当な理由なくして投票に行かなかった場合は罰金が課される。

第2節　選挙制度の種類

　世界の国々で用いられている選挙制度は多種多様であり、全てを網羅することは難しいが、大まかに分類すると、以下の3つの制度となる。

◆─◆ 大選挙区制

　全国にいくつかの選挙区を設置し、その選挙区から複数の議員を選出する制度である。また、投票用紙に何人の候補者の記述を行なうかによっても、以下のような形で名称が異なる。すなわち、

　　・1人だけ記す、単記制
　　・2人以上、議員定数未満を記す、制限連記制
　　・2人以上、議員定数を記す、完全連記制
以上の3種類が存在する※。

◆─◆ 小選挙区制

　全国に議員定数と同等の選挙区を設置し、その選挙区から1人の議員を選出する制度である。**第3節**で述べるように、アメリカの上院・下院、イギリスの下院では、小選挙区制の制度のみを採用して選挙を行なっている（単純小選挙区制）。

◆─◆ 比例代表制

　全国にいくつかの選挙区を設置し、その選挙区から得票率に応じて、各政党に議席を配分する制度である。たとえば、「拘束名簿式比例代表制」の場合は、事前に提出された順位のついている比例名簿に従って、上位の候補者から順番に当選が決まっていく。

第3節　各国の選挙制度

　この節では、アメリカ、イギリス、フランス、ドイツにおける選挙制度の概略について触れていきたい。

◆─◆ アメリカの大統領選挙

　アメリカの大統領選挙は直接選挙ではなく、間接選挙となっている。これは

※　日本の衆議院議員選挙で、1947～1993年まで採用されていた「中選挙区制度」も、大選挙区制の一種ともいわれる。（⇒**第7章・第2節**）

1787年に開かれたフィラデルフィア憲法制定会議での逸話に基づいている。

　すなわち、ワシントン、マディソンなど「アメリカ合衆国建国の父」と呼ばれる政治家たちは、国民を扇動して大統領となるような政治家の出現を恐れて、まず、各州ごとに国民が教養のある人々を選び、その人々が「選挙人」（elector）として大統領を選ぶという間接選挙の仕組みを提唱したといういきさつがあった。

　しかし、それは現在では形式上の話となっており、実質的には直接選挙に近いと評価できる。なぜならば、大統領候補者は、共和党・民主党の両党とも「予備選挙」（Primary）（もしくは「党員集会」（Caucus））を経てあらかじめ指名を受ける。その際、大多数の選挙人も、事前にどの候補者に投票するのかを誓約しているからである。

　選挙人は、上院・下院の議員数と同じ人数の535人が各州から選出される。これに、連邦政府直轄地（ちょっかつち）のコロンビア特別区（District of Columbia）（ワシントンD.C.（ディー・シー））から選出される3人を加えた538人が総数となる。

　各州の有権者は、投票日（4年ごとの、11月の第1月曜日の翌日の火曜日）に、大統領候補者・副大統領候補者の名前が記された投票用紙を使って票を投ずる。そして、各州においてより多くの票を獲得した大統領候補者は、その州に割り当てられた「選挙人」の数（人口によって異なるが、最多はカリフォルニア州の55人）の票を、総取りすることになる※。このようなことが全米で行なわれて、最終的に過半数の選挙人の票を獲得した候補者が大統領となるのである。

◆◆ フランスとドイツの大統領選挙

　フランスの大統領選挙は、全国を1つの選挙区とした直接選挙となっており、2回投票制という独特の制度を採用している。この制度では、第1段階として有効投票の過半数を得た候補者がいる場合は当選が決まるが、該当者がいない場合には、第2段階として得票数上位2人が決選投票を行なう。

　ドイツの大統領選挙は、下院議員・州議会議員で構成されている連邦会議が大統領を選ぶという間接選挙となっている。

　ただ「大統領」の実権は、アメリカ、フランス、ドイツで、それぞれに異なる。「大統領がいるから大統領制」ではない（⇒第6章・第1節）ので、注意を要する。

◆◆ 主要各国の上院・下院議員選挙

（1）アメリカの上院・下院議員選挙

　アメリカの上院は、50ある州から2人ずつ選出される。任期は6年だが、議員総数100人のうち、2年ごとに3分の1ずつ改選される※※。

　一方、下院の総数は435議席とされており、議員は2年ごとに改選される。

※　ただし、メイン州（選挙人数4）とネブラスカ州（選挙人数5）では、それぞれ選挙の勝者が選挙人2人を出し、残りは得票率に応じて振り分け、勝者の総取りとはしていない。

※※　「同じ州から選出される議員は異なる時期の選挙で選出されるため、1回の選挙では全州を選挙区として1名が選出される小選挙区制である。」（「アメリカ連邦議会議員選挙制度」（「国会図書館レファレンス」平成27年5月号））

上院・下院ともに小選挙区制によって選ばれている。

(2) イギリスの上院・下院議員選挙

イギリスの上院は、別名「貴族院」とも呼ばれるように、貴族たちで構成されているため、国民による投票は行なわれず、議席・任期も定まっていない。

一方、下院の議員総数は650議席で、アメリカと同じく「小選挙区制」で選ばれており、任期は5年である（⇒第6章・第2節）。

(3) フランスの上院・下院議員選挙

フランスの上院議員は、下院議員と地方議会議員などの代表者によって、間接選挙という形で選ばれており、任期は6年（3年ごとに半数を改選）である。

一方、下院議員の総数は577議席であるが、大統領選挙と同じく2回投票制を用いた「小選挙区制」を採用している（⇒第6章・第3節）。

(4) ドイツの上院・下院議員選挙

ドイツの上院は、各州政府の代表者で構成されている（現在69議席）。

一方、下院では「小選挙区比例代表併用制」が採用されている。有権者は、小選挙区制に1票、比例代表制に1票を投じるが、まずは比例代表制の結果によって、候補者が所属する各党の議席配分が決定される。次に、小選挙区制で当選した候補者の順に、各党で割り当てられた議席を埋めていき、余った議席を名簿順に当選させていくという独特の制度をとっている。

また、各党の小選挙区における当選者数が比例代表制で配分された議席数を上回った場合は、その差分の議席を超過議席として認められる。よって、実際の定数は598議席（任期4年）となるが、2020年現在、709人の下院議員が存在する。

第4節　日本の選挙制度

◆◆衆議院議員選挙

日本の衆議院は、1994年（平成6）から「小選挙区制」と「比例代表制」を組み合わせた「小選挙区比例代表並立制」を採用している（1993年までは「中選挙区制」を採用。　⇒第7章・第2節）。この制度は、小選挙区制で289人、比例代表制で176人、すなわち合計465人の国会議員を選出する仕組みとなっている。

(1) 衆議院の小選挙区選挙

1つの選挙区から1人の当選者を選出する仕組みのため、日本全国を289の選挙区に分けて個人名で投票する。たとえば、東京都は25の選挙区が設定される。

[図表8-1] 衆議院議員小選挙区選挙の都道府県別選挙区数（定数289人）

小選挙区の区割りは、国勢調査で調べた人口をもとに、原則10年ごとに見直されます。

[図表8-2] 衆議院議員比例代表制の選挙区と各選挙区別定数（定数176人）

ブロック	都道府県	定数
北海道	北海道	8
東北	青森／岩手／宮城／秋田／山形／福島	13
北関東	茨城／栃木／群馬／埼玉	19
南関東	千葉／神奈川／山梨	22
東京都	東京	17
北陸信越	新潟／富山／石川／福井／長野	11
東海	岐阜／静岡／愛知／三重	21
近畿	滋賀／京都／大阪／兵庫／奈良／和歌山	28
中国	鳥取／島根／岡山／広島／山口	11
四国	徳島／香川／愛媛／高知	6
九州	福岡／佐賀／長崎／熊本／大分／宮崎／鹿児島／沖縄	20

[出典] 2点とも総務省Webサイト「選挙の種類」より（2020年8月12日最終閲覧）

（2）衆議院の比例代表選挙

　全国を11のブロックに分けて、ブロックごとに政党名で投票する。たとえば関東周辺は3ブロックに分けられている。内訳は、「北関東ブロック」が4県（群馬・栃木・茨城・埼玉）で19議席、「南関東ブロック」が3県（千葉・神奈川・山梨）で22議席とされ、東京都のみ人口が多いため単独で「東京ブロック」として17議席が割り当てられている。この議席数で、あらかじめ順位のついた候補者名簿に

沿って、各党における当選者が決定していくことになる。

　有権者は、小選挙区制で1票、比例代表制で1票の合計2票を投ずることになる。衆議院議員は任期4年だが、途中解散※がありうるため、任期を全うできない場合も起こりうる。

◆◆参議院議員選挙

　参議院は、現在「選挙区制」（1982年〔昭和57〕採用）と「非拘束名簿式比例代表制」（2000年〔平成12〕採用）を組み合わせた制度を採用している。

　選挙区制で148人、比例代表制で100人、合計248人の国会議員を選出する。なお、参議院には解散はなく、議員は任期6年を全うできるが、選挙は3年ごとに半数（124人）を改選する仕組みである。

（1）参議院の選挙区選挙

　全国の都道府県を単位として「選挙区」を設置し、選挙区ごとに決められた数の議員を選ぶ。たとえば、人口の最も多い東京都は12人区（改選数6人）だが、多くの県は2人区（改選数1人）である。ただし、特に人口が少ない島根・鳥取と、高知・徳島は、それぞれ例外的に「合区」というかたちをとり、2県で1つの選挙区を形成し、個人名で投票を行なう。

（2）参議院の非拘束名簿式比例代表選挙

　衆議院と異なりブロック分けはなく、全国で1つの選挙区を形成し、個人名または政党名で投票を行なう。ただし、候補者名簿に順位づけのない「非拘束式」であるため、候補者は個人名で得た得票数に応じて順位が決まる。

　以上の2つの方式のもと、有権者は「選挙区制」で1票、「比例代表制」で1票、合計2票を投ずることになる。

◆◆選挙制度の改善と「1票の格差」

　第7章（第2節）でも触れたように、戦後の衆議院の選挙制度は「中選挙区制」を採用していたが、「1票の格差」、政治腐敗の問題をはらんでいた。それらの諸問題を解決すべく、「小選挙区比例代表並立制」が導入され、一定程度の改善がなされたものの、今もなお残る課題もある。

　特に、「1票の格差」は衆議院・参議院議員選挙ともに解決にいたっておらず、さらなる改革が必要である。具体的には、2017年(平成29)の衆議院議員総選挙で約1.98倍、2019年(令和元)の参議院議員選挙においては3倍ほど、「1票の格差」がある。これは、「平等選挙」（⇒本章・第1節）という観点でみれば、今後、解決されなければいけない問題となる。

　　※「解散」は、本来、天皇の国事行為の1つ（日本国憲法第7条3号）。ただし、同条の「内閣の助言と承認」が先行し、実質的には首相の専権事項。解散の日から40日以内に総選挙を行ない、選挙の日から30日以内に特別国会が召集される（同第54条第1項）。

第5節 投票参加と投票率

第1節で述べた選挙の原則とは、制限選挙が普通選挙に、不平等選挙が平等選挙に、記名選挙が秘密選挙に、徐々に置き換わっていったように、原則とはいえ、それらは選挙の歴史的な到達点である。

直接選挙については、アメリカ大統領選挙が選挙人を挟んだ間接選挙であったり、ドイツの連邦参議院（上院）が州政府の任命制であったり、フランスの元老院（上院）がそもそも地方代表による間接選挙であったりすることなどを考えあわせれば、現代民主主義国家においても、間接選挙や任命制が全く認められないわけではないことがわかる。イギリスの貴族院（上院）は、段階的に縮小されているが、依然として身分制議会であるし、カナダの上院もまた任命制である。直接選挙の原理は揺るがないものの、特に上院において、間接選挙や任命制が否定されていないことにも一定の注意を要しよう。

◆◆ ライカーとオードシュックの投票参加モデル

近年、多くの先進民主主義国では投票率の低下が進展している。ライカー※とオードシュック※※は、投票参加を投票によって得られる利得から説明しようとした。

R（利得）＝ PB（主観的確率×利益）－ C（投票コスト）＋ D（投票義務感等）

P（possibility）とB（benefit）の積は、ほとんど0になるので、結局のところ、C（cost）をDが上回れば、R（reward）が高まり、有権者は選挙に参加することになるという予測である。Dについては、ここでは「投票義務感等」としたが、有権者が投票によって得られる個人的「満足度の総体」である。Dはたしかに「duty」を想起させるが、ライカーらは「義務感」とは定義していない。

政治的社会化は、投票義務感を高めるのに有効である。先進諸国では、教育現場におけるシティズンシップ教育を通じて、社会参加に対して活発な有権者を育成しようと取り組んでいる。イギリスの「クリック・レポート※※※」（1998）は、そうした主権者教育の必要性を説き、イングランドにおける中等教育改革に結びついた。

◆◆ 義務投票制

先進各国に蔓延する低投票率は、選挙や環境の制度的な障壁や政党・政治家

※ William H. Riker（1920〜1993）。アメリカの政治学者。ロチェスター大学教授。
※※ Peter C. Ordeshook（1942〜 ）。アメリカの政治学者。カリフォルニア工科大学教授。
※※※ シティズンシップ諮問委員会の委員長クリック（Bernard R.Crick,1929〜2008／ロンドン大学名誉教授）にちなむ。

などの供給側の問題もあり、一筋縄^{ひとすじなわ}では解決できない。

　そのため、しばしばオーストラリアやベルギーなどで導入されている義務投票制が注目されるのだが、多数派となっていないばかりか、オーストリア（1992）やペルー（2011）など、徐々に義務投票制を廃止する国が増えてきている。

　義務投票制の定着しているオーストラリアでは、投票参加を義務付けることで、政党による得票の掘り起こしが必要でなくなり、政党間の政策論争に集中できるとして、反対論はあるものの、罰金（50 豪ドル）を伴う義務投票制が国民的合意となっている。オーストラリアは自治領時代から、イギリス本国より早く選挙の原則をいち早く整えてきた歴史的経緯があり、国民統合の観点からも、反対論は少なくなっている。とはいえ、地方選挙は義務投票制ではなく、その適用は国政選挙に限られる。

◆◆ インターネット投票

　ＩＣＴ（情報通信技術^{Information and Communication Technology}）の世界的発達により、インターネット投票の導入が技術的に可能となっている。日本では、「公職選挙法」の一部改正で、ようやく 2013 年にインターネット選挙運動が解禁されたが、依然として公職選挙法の規制が強すぎるため、自由な選挙運動を実施することが困難である。

　日本の地方選挙では、2002 年に施行された電子投票法（電磁記録投票法）※により、国政では許されていない「電子投票」（投票行為）が実施されている。しかし、近年、取りやめる自治体も多く、大都市部での導入例もない。

　実現が期待されるインターネット投票については、サイバー・セキュリティ^{cyber security}の問題が不安視されている。電子化先進国のエストニアの先行事例があるが、依然として広がりを欠いている。韓国では、地方選挙に限り、有権者はどこの投票所でも投票できる。しかし、インターネット投票は実施されていない。

第6節　投票行動の理論

◆◆ コロンビア・グループとミシガン・グループ

(1) S-R学説

　1940 年のアメリカ大統領選挙の際、ラザースフェルド※※やベレルソン※※※などのコロンビア大学のグループが、有権者の社会学的要因に着目して、投票行動の研究を行なった。調査手法としては、パネル調査が行なわれ、投票方向

　　※　正式名称は「地方公共団体の議会の議員及び長の選挙に係る電磁的記録式投票機を用いて行う投票方法等の特例に関する法律」
　　※※　Paul F.Lazarsfeld（1901〜1976）。アメリカの社会学者。コロンビア大学教授。
　※※※　Bernard R. Berelson（1912〜1979）。アメリカの行動科学者。シカゴ大学、コロンビア大学教授。

（誰に投票するか）の決定時期についてのさまざまな知見が得られた。

コロンビア・グループの学説は、社会的属性（S）と投票行動（R）を直接結びつけるものである（S-R学説）。投票決定時期のタイミングについて、投票意思があらかじめ決定しているものが多数であって、選挙戦は投票意図を後押しする「補強効果」が主であり、改変効果は生じにくいことが明らかにされた。また、投票要因が矛盾する有権者は、投票時期が遅くなることが示された。

(2) S-O-R学説

これに対して、キャンベル※らのミシガン・グループは、媒介変数として心理的要因（O）を重視し、モデルの修正（S-O-R学説）を行なった。

ミシガン・グループが着目したのは、媒介変数である「政党帰属意識」であった。「政党帰属意識」は、わが国の政党支持態度と似た概念であるとされる。

ミシガン・グループの学説は、従って「政党帰属意識モデル」と呼ばれることがある。また、キャンベルらは、政党帰属意識の発達過程について、理論化を進めた。

◆◆争点投票モデル

投票行動の古典的理論であるコロンビア・グループとミシガン・グループの学説は、観察可能な経験的データに基づき、投票行動を説明することにある程度成功した。それでも、1960年代中盤以降、ベトナム戦争や公民権運動が激化してくるにつれ、それらの「政党投票モデル」が徐々に説明力を欠くようになりつつあった。あまりにも争点が際立っていたからである。

そのようななか、ナイ※※、ヴァーバ（⇒第2章・第5節）、ペトロシック※※※は、『変容するアメリカの有権者（*The Changing American Voter*, 1976）』において、政党投票から争点投票への移行を指摘した。

政党からの離反と争点志向の増大は、新しい有権者の誕生を予感させたが、実際には有権者の流動化こそ確かに生じたものの、国家を分断させるほどの争点が去った後は、モデルの説明力は次第に低下していくことになった。

日本では、消費増税をめぐる選挙（1989年参議院議員選挙、および1990年衆議院議員総選挙）や、小泉純一郎内閣の「郵政選挙」※※※※（2005年衆議院議員総選挙）などが、典型的な争点選挙である。

※ Angus Campbell (1910〜1980)。アメリカの政治学者。ミシガン大学教授。
※※ Norman H. Nie(1943〜2015)。アメリカの政治学者。スタンフォード大学教授。
※※※ John R. Petrocik(1944〜)。アメリカの政治学者。ミズーリ大学教授。
※※※※ 郵政事業民営化法案をめぐり、2005年8月参議院の否決を受けた小泉首相が衆議院を解散し、翌月行なわれた総選挙。結果は自民党が大勝。獲得議席は296で、公明党の31と合わせると衆議院議員定数の3分の2（320）を上回る327議席となった。第2党（野党第1党）の民主党は113議席。

❖❖ 業績評価投票モデルと候補者評価モデル

　1980年代にはいると、フィオリーナ※が「アメリカ国政選挙における業績評価投票」（1981）において、業績評価投票モデルを提唱した。

　業績評価投票モデルとは、有権者が過去の政府の政策を評価し、肯定的にそれを捉えれば政府に、否定的に捉えれば野党に投票するというモデルであり、過去を振り返る意味合いから「回顧投票」と訳される場合もある。

　有権者が、与党の何を評価するのかは必ずしも定かではないが、経済面が重視される傾向がある。経済が好調であれば与党が有利に、そうでなければ政策変更の期待から野党が有利になるだろう。現状に不満な有権者が、与党から野党へのスイング（票の入れ替え）※※を行なえば、政権交代が生じうる可能性は高くなる。

　業績評価投票モデルは、短期間の支持の変動を説明するために考案された部分がある。言ってしまえば、すべての投票行動モデルは後づけである。業績投票モデルを現職優位の視点から解釈すると、候補者評価（個人投票）モデルとなる。

　アメリカでは、特に下院選挙において、現職議員が再選に対して有利であるとされ、候補者評価モデルは、その現状を理論的に説明したものに過ぎない。投票行動の理論は発展しているようにも見えるが、その時々での都合の良い説明が求められているだけのようにも見える。理論の多様化か、一般理論の喪失かは、後世の歴史が証明することになるであろう。

第7節 政治資金

❖❖ 各国の政治資金制度

　1970年代以降、先進各国においてマスメディアが発達し、とりわけテレビの影響力が強まるにつれ、政治宣伝が活発し、政治資金の高騰化を招いた。政治資金の調達と適正化が先進国共通の課題となり、各国は政治資金立法を導入し、政治資金の流れを適切にコントロールしようとした。

　イギリスの政治腐敗防止法（1883）は、古典的な政治腐敗の除去に貢献した。それにより、あからさまな買収や供応は過去のものとなった。イギリスの政治資金法制は、選挙運動に厳しい支出制限を課している。政党政治が基本であり、候補者も無理に支出をしようとはしない。イギリスは「選挙支出抑制型」である。

　※　Morris P. Fiorina（1946 ～）。アメリカの政治学者。カリフォルニア工科大学、ハーバード大学教授。
　※※　アメリカ大統領選挙において、共和党と民主党の候補者の支持率が選挙のたびに入れ替わり、勝者が「揺れ動く」州を「スイング・ステート（swing state）」という。南東部のフロリダ州、中西部のオハイオ州などが代表的。

原則的には、政党に対する公費助成制度もない。

　アメリカは、世界の中で最も政治資金が使われる国である。アメリカの政治資金は、連邦選挙運動法（1971）の規制を受けている。大統領選挙では、各候補者には大統領選挙運動基金法による助成がなされており、国民が大統領選挙を支えている。アメリカでは、団体や個人から直接献金を受けることが禁止されており、献金は、政党活動委員会（PAC：Political Action Committee）を経由してなされる。アメリカの政治資金規正は、透明化の確保に力点が置かれており、支出総額を規制しようとする発想はない。

　フランス、ドイツ、スウェーデン、日本などでは、政党助成制度（政党交付金）が設けられている。各党に公費から資金提供する代わりに、政党会計を公開させる狙いである。

　政党側からすれば、党費や個人献金に頼らずに、国庫から安定した資金を手に入れることができるため、大いに歓迎されている。個人レベルの資産公開と合わせて、不正蓄財を防止し、政治資金の流れを適正化することを企図している。資金の配分には、直近の選挙結果と議席率が勘案される。日本の政党助成金は国民1人当たり250円であり、2019年は総額317億円であった。

　フランスや韓国では、企業・団体献金が禁止されている。フランスで企業・団体献金が禁止されるに至ったのは、1990年代、政治腐敗の除去に失敗した社会党政権が、失地回復を狙って厳しい制度を取り入れたからである。法人とはいえ法人格があるため、企業・団体献金を禁止している国は少数派である。

◆◆ 日本の政治資金制度

　日本には「政治資金規正法」（1948年制定）があるが、しばしば"ザル法"と呼ばれ、今日でもなお、政治資金の捕捉率も透明化率も高くない。日本では政治活動と選挙運動を区別し、「公職選挙法」とともに選挙運動への規制は強いが、実態を反映しておらず、選挙支出額の規制も形式的な数字合わせにすぎないとされる。

　日本では、企業・団体献金も禁止されておらず、政治資金パーティーも、政治資金収支報告書に個人名を記載する必要がない20万円以下で処理されており、政治資金の透明度は残念ながらかなり低い。

　政治家が代表を務める政党支部への献金も、その政治家への個人献金の代わりになっているとみられ、政党中心の政治までの道のりは遠そうである。

[第1-4節：半田英俊／第5-7節：増田 正]

第9章

利益集団と圧力団体

---==ℰ **本章のキーワード** ℬ==---

- ☐ 利益集団／圧力団体
- ☐ 利益表出機能
- ☐ 利益集約機能
- ☐ 均衡理論
- ☐ 集団のクリス・クロス
- ☐ 重複メンバーシップ
- ☐ 潜在集団
- ☐ ロビイング／ロビイスト
- ☐ 圧力政治
- ☐ 族議員
- ☐ グラスルーツ・ロビイング
- ☐ スーパーPAC

第1節 現代社会と社会集団の利益

◆━ 利益集団と圧力団体の定義

　利益集団とは、経済的利益、主義・主張、関心などを共有する個人が自主的に集まり、集団として何らかの社会的活動を展開する集団である。

　これに対して、圧力団体とは、政治的な決定や執行の過程に影響を及ぼすことによって、自分たちの利益の実現を図ろうとする団体である。

　つまり、利益を共有する集団(利益集団)が政府に働きかけて利益の実現を図る場合、圧力団体となる。たとえば、企業増税に反対する経営者団体や、労働条件の改善を要求する労働組合、農業生産での保護を求める農業団体、医療支出の増額を求める医師会、福祉関係団体などである。

　特に1970年代以降は、こうした職業的団体などに加えて、環境保護団体のように、特定の主義・主張を推進する団体も台頭している。背景には、1960年代に、アメリカでは黒人の差別撤廃のための公民権運動※が1964年の公民権法

※ キリスト教プロテスタントの牧師キング(Martin Luther King, Jr. 1929～1968)の尽力でも知られる。キングは1963年ワシントンD.C.で行なった人種平等を訴えた演説(「I Have a Dream」)が有名。1964年、ノーベル平和賞受賞。その4年後、遊説中に白人男性によって暗殺。

と1965年の投票権法の成立でピークを迎えたこと、日本では公害の問題※が政治問題化したことなどがある。圧力団体の研究は、比較的に早い段階から、特にアメリカで活発であったが、近年では「圧力団体」のマイナスのイメージから、「利益集団」という言葉が用いられることが多い。

さまざまな要求と不平等な価値の配分

20世紀の初めから、国家機能が拡大し、大衆民主主義が定着してくると、社会集団の圧力や社会運動が活発となり、政治への働きかけが強まった。個人の生活は広範囲にわたり政治の影響を受けるようになり、さまざまな要求が出されるようになった。しかし、それらの要求をすべて満たすことは、現実には不可能である。財源や物資など社会的な資源には制約があり、すべての要求を満たすことはできないからである。

問題は、これら希少な資源はそもそも、社会全体の利益が最大化するように配分されるべきだが、現実には社会正義や公平・公正の観点からよりも、政治的影響力の強い集団に有利に配分される。社会のさまざまな要求を十分に吸収するには、代議制など既存の制度が用意する回路だけでは対応できない。こうした社会事情から、利益集団や圧力団体、市民運動や住民運動が生まれてきた。

圧力団体の台頭

現代社会において、圧力団体の活発な圧力行動が展開されるのは、以下の理由からである。

第一に、地域代表制の補完のためである。多くの場合、有権者は居住地の選挙区で投票する。そのため、地域的利害が中心となりやすい。職業などの集団的利益については別の回路が必要となる。

第二に、「行政国家化」の進行のためである（⇒第10章・第1節）。現代社会では、政府が広範な活動を展開する行政国家化の現象が顕著となっている。政府の公共政策の内容次第で、社会集団は利益を享受したり、損失を被る。そのため、社会団体は予算や補助金などをめぐり、政治過程に働きかける。

第三に、政党の寡頭制のためである（⇒第11章・第4節／第13章・第4節）。政党内部が寡頭制化し、圧力団体にとって、党の総数の幹部との交渉や取り引きが容易になった。政党の組織が比較的緩やかなアメリカの政党においても、1994年11月の「中間選挙」（4年ごとに行なわれる大統領選挙の年の2年後に行なわれる、上院・下院議員選挙⇒第8章・第3節）で、40年ぶりに下院で共和党多数議会になって以降、政治指導部の集権化が進展してきた。

※ いわゆる「四大公害病」のうち、水俣病（熊本県水俣市）は1950年代から、イタイイタイ病（富山県神通川流域）は1920年代から発生していたが、1960年代の高度経済成長期に工業生産が進んで（四大公害病だけでなく）日本各地で住民の健康被害が悪化し、大きな問題となった。

第2節 圧力団体の類型と特質

◆◆ 圧力団体の類型 —— 部分団体・促進団体・潜在団体

　マッケンジー[※]は、圧力団体を「部分団体」、「促進団体」、「潜在団体」という3つのタイプに分類した。

　第一に、部分団体とは、経営者団体や労働組合、農業団体、医師や弁護士など、共通の経済的利益や職業を中心とした圧力団体であり、最も一般的な圧力団体である。これらの圧力団体は経済的基盤が共通するので、メンバーの結束は強い。

　第二に、促進団体とは、環境保護団体や人権団体、消費者団体、平和団体など、共通の主義・主張の実現を目指す圧力団体である。こうした圧力団体には、公共の利益を追求する団体が多い。

　第三に、潜在団体とは、本来は政治活動を目的としないが、状況と環境に応じて政治行動を起こす潜在的な可能性を持つ団体が圧力を行使する場合である。

◆◆ 圧力団体の特質 —— 多数だから有利とは限らない

　圧力団体の力の源泉の1つは票、つまり、選挙での支援である。たとえば、日本の通商政策では、コメの輸入には消極的で、コメは聖域とされてきた。農民は少数で、消費者は多数である。しかし政党は、消費者の多数票はあてにならならないものとして、各地方の農民の少数票から獲得する方を選択する。

　すなわち、民主政治は多数の意思を基本とするが、単に多数だからといって有利だとは限らない。国民の多数の利益に沿って政策決定がなされるとも限らない。圧力団体が組織的にまとまり、効果的な圧力をかけることで、メンバーが少数の圧力団体の利益が実現される場合が少なくない。

　たとえば、少数者である日本経営者団体連合会が、政治献金で政党や政治家に圧力をかけることは、大きな力の源泉となりうる。

第3節 圧力団体の機能

◆◆ 利益表出機能、利益集約機能、政治啓発機能

　圧力団体には、大きく3つの機能がある。

　※ Robert T. McKenzie（1917〜1981）。カナダ出身の政治学者、社会学者。イギリスBBCの国政選挙報道で活躍。

①**利益集約機能**——社会のさまざまな要求を政治に伝え、政策に反映させる機能である。社会に存在する多様な利益や意見・選好などが、要求というかたちで明確にされ、政策決定過程に持ち込まれることであり、この機能は圧力団体をはじめとして、政党や市民運動・住民運動、マスメディアなどに担われている。

②**利益表出機能**——個人や集団の表出する利益や要求、意見は多様で、曖昧なままであるが、それらをまとめて政策の選択肢に変換する過程を「利益集約機能」という。圧力団体だけでなく、政党や官僚機構も担う機能である（⇒第7章・第1節）。

さまざまな下部組織を抱える圧力団体は、内部調整が必要で、部分的に利益集約機能を果たしている。ただし、それは限定的なもので、一般に圧力団体は政党ほど、利益集約機能を果たしているわけではない。

③**政治啓発の機能**——圧力団体は、政策決定者と世論に対してさまざまな情報を提供している。現代の政策決定は、高度な専門知識を必要とするため、圧力団体の専門知識は政策決定で貴重な情報となる。また、世論への働きかけは、有権者に現在の問題を認識させるもので、政治啓発の機能を持つ。この働きかけは、社会の要望を知らせるだけではなく、専門的知識を提供することも含まれる。

第4節 圧力団体の理論

◆◆均衡理論（集団のクリス・クロス、重複メンバーシップ）と潜在集団

「集団理論の父」のベントレー※（⇒第15章・第3節）は、公共政策は社会のさまざまな集団利益の衝突と妥協の産物であると指摘した。そのため、社会集団間の相互作用に関心が向けられ、政治過程は動態的な均衡の過程と見られる。

特にアメリカでは、自律的な集団の活動が、社会的利益の均衡を生むと主張されてきた。公共政策をめぐり、複数の利益集団や圧力団体が競争することで、一部の特殊利益が特出することが"抑制"され、ほぼ全体としてさまざまな利益が"均衡"された状態となると考えられてきた。

利益が複雑に錯綜する産業社会では、ある問題で対立関係にある人々が、別の問題では味方になるということで、政治対立は、非妥協的な階級闘争のような形をとらない。これを「集団のクリス・クロス」という。

また、ベントレーの理論的後継者のトルーマン※※は、「重複メンバーシップ」overlapping membershipと呼んだ。人々が複数の集団に重複加入するので、集団の利益が相互に対立しても調整されるという。

※ Arthur Fisher Bentley（1870～1957）。アメリカの政治学者、哲学者。コロンビア大学教授。
※※ David Bicknell Truman（1913～2003）。アメリカの政治学者。コロンビア大学教授。同姓の第33代大統領（Harry Shippe Truman, 1884～1972）は別人である。

　また、ある圧力団体の利益が過剰に代表されると、世論が集団エゴを"抑制"すると期待される。トルーマンは、「潜在集団」と呼んだ。

　強力な社会集団が組織されると、そのことで不利益を被る人々がそれに対抗する集団を形成する。たとえば、労働組合の結成が経営者団体の組織化を促すのが典型的である。こうして、ある圧力団体が強力になり過ぎると、潜在集団がそれにブレーキをかける役割を果たし、全体としてバランスをもたらすと考えられてきた。圧力政治は民主政治を活性化するという積極的な評価が下され、長い間、支持されてきた。

第5節　アメリカ政治と圧力団体

◆◆ 緩い政党の規律 ──「党議拘束」に縛られない議員たち

　アメリカの政党は党組織が弱く、党の規律が緩いのが特徴である。西ヨーロッパ諸国や日本の政党とは大きく異なる。議員は、民主党と共和党に所属しているが（二大政党制）、党議拘束※が強くかからない。それぞれの議員が各自の判断で、それぞれの法案に賛成か反対かを判断することができる。そのため、圧力団体は、個々の議員に圧力をかけやすい。全国レベルの政党はないに等しく、地方政党の連合体のようなもので、大統領選挙の時以外は名目だけの組織である。

　また、徹底した連邦制をとり、分権的性格が強いために、州や自治体レベルでも圧力を行使すると効果を生む傾向がある。このことも、圧力団体の活動を促すことになる。

◆◆ 多元主義と圧力団体

　こうして、アメリカ政治では、他国と比較して、圧力団体の活動がより活発で、上院と下院に次ぐ「第三院」と呼ばれるほどである。アメリカの地理的広大さや人種的・宗教的多様性のために、利益が多元的である（⇒第11章・第3節）。

　こうした政治的条件の下で、アメリカでは、政治的自由が保障されている。自由競争が基本原則とされ、自分の利益は自ら守る伝統がある。憲法上、立法と行政が独立しており、アメリカ議会が行政府への"抑制"の機能を果たすと同時に、アメリカ議会が法案作成や予算編成に大きな影響力を持っている。

　そのため、圧力団体の「ロビイング※※」は立法府にまず接近する。圧力団体は議員に働きかけ、自己の利益にかなう法案を議会に提出させ、法律の成立を図る。

　※　議会での採決で、政党が所属議員に対し、あらかじめ行なわれた党の議決に沿った投票を求めること。党議に背いた党所属議員は懲罰対象となる。日本は特に、党議拘束が強いとされている。
　※※　ロビー（lobby：控室、応接室）で議員に面会することに基づく。

反対に不利益を被る法案には、その成立を阻止するように議員に働きかける。

◆◆ ロビイストによるロビイング

こうした政治環境のため、アメリカ政治では、ロビイスト^{lobbyist}がロビイングと呼ばれる圧力行動で重要な役割を担う。ロビイストは、圧力団体の代理人として、有利な法案の成立や、不利な法案の修正や否決のために議員に働きかける。圧力団体と契約して、さまざまな政治工作を行なう。元議員や弁護士、元公務員、元新聞記者などが多い。

ロビイストは、議員と個人的に接触し、議会の投票につき議員に依頼をしたり、法案作成を支援して、圧力団体の利益を盛り込んだりする。アメリカ政治では、法案作成と法案提出は議員の責任であり（議員立法）、議員にも有能なロビイストは頼もしい存在である。彼らの知識や人間関係が議員の活動にとっての資源となるが、当然、買収供応など政治腐敗を生む土壌ともなりやすい。そのためアメリカでは、ロビイストの登録や関連団体の経理公開が法律で規定されている。

これに対して、党議拘束が強く、政党単位で議会が運営される西ヨーロッパ諸国諸国や日本では、アメリカのような職業的なロビイストは見られない。

◆◆ 圧力団体の無党派傾向？

圧力団体の無党派傾向も、アメリカ政治の特徴である。二大政党（民主党・共和党）には、イデオロギー的差異が比較的に見られないため、また、政権交代もあるので、どちらかの政党に偏った圧力活動は長期的には有効ではなく、両党に等距離を置いた圧力活動の方が効果的である。たとえば、シリコンバレー^{Silicon Valley}※のIT企業の圧力団体やユダヤ人の団体は、両党に等距離のロビイングを展開する。

しかし、党派性のある圧力団体も存在している。たとえば、労働総同盟（AFL-CIO※※）や人権団体などは民主党寄りであり、宗教団体などは共和党寄りである。

◆◆ 圧力政治の対象と問題点

アメリカ政治では、すでに見た通り、憲法上、立法府が法案作成や予算編成の権限を有する。そのため、圧力団体のロビイングは、まずアメリカ議会へ展開された。

ただし現在、圧力団体のロビイングは、行政府や世論に向けた圧力活動も活発となっている。行政府への圧力行動は、汚職防止などのため法的制約が多いので、原則、陳情などに限定される側面がある。対世論工作は、団体の利益が

※ アメリカ西海岸、カリフォルニア州北部に集中している、半導体とIT（Information Technology）関連産業の所在地。半導体の主な原料である「珪素（けいそ）」の英語名「Silicon」に基づく。「Valley（渓谷）」は、この地域の地形に由来。
※※ 「American Federation of Labor and Congress of Industrial Organizations」の略。正式には「アメリカ労働総同盟」と「産業別組合会議」の連合体を指す。55産業別組織が加盟、組合員数約1250万人（国際労働財団Webページ）。

正当なものだという雰囲気を生み出し、利益実現に有利な政治環境を作ることが目的である。

　圧力政治の問題点としては、違法行為や社会的に不公正なものが含まれやすく、そのため政治腐敗の温床となりやすいということが指摘できる。

　また、圧力活動は、政治的手段としては社会的エリートに偏っているという批判もある。資金力や動員力の大きさによって公共政策が左右されるということで、不公正な手段という批判も出てくる。民主主義の大義は、弱者や少数派の尊重であるはずだが、それとは逆の側面が強くなってしまうのである。

　利益集団や圧力段代の加入率を見ると、高学歴で高所得の社会的地位の高い人々の方が多く、本当に政治の手助けを必要とする人々の声が政治に反映されなくなる懸念がある。

圧力政治への批判 —— ローウィとダール

　従来のアメリカ政治学では、均衡理論に基づき、圧力団体を積極的に肯定し、圧力政治を肯定的に捉える考え方が一般的であった。これに対して、現在では、「多元主義」(⇒第11章・第3節)に基づく圧力政治に対しては、批判的な考え方も有力となっている。

　たとえば、ローウィ※は、圧力政治を「利益集団自由(放任)主義」と批判する。政府が圧力団体の要求を拒否できず、ただそれに応じてきたために政策の一貫性が損なわれ、少数の私的利益を優遇してきたという。潜在集団は機能しておらず、政府は自律性を喪失しており、圧力政府がアメリカ政治を腐敗させ、政治の公共性や民主主義を後退させている、と批判する。

ローウィ

　その上で、ローウィは、政府や行政の重要性を強調した議論を展開している。圧力団体論の欠陥を、法の役割や政府の独立性に力点を置くことで克服することである。これは、従来の圧力政治の均衡論に大きな見直しを迫るものである。

　多元主義者であるダール※※(⇒第13章・第4節)も圧力団体のゆき過ぎを市民運動で"抑制"する必要を説いている。こうした指摘は、圧力団体をめぐる現代の諸問題が、従来の均衡論では解決できないことを反映しているといってよい。

ダール

※　Theodore J. Lowi(1931～2017)。アメリカの政治学者。ダールに師事。コーネル大学教授。
※※　Robert A. Dahl(1915～2014)。アメリカの政治学者。イェール大学名誉教授。

第6節 日本の圧力政治

◆▶ 「族議員」と「鉄の三角形」

議院内閣制をとる日本の圧力政治は、「権力の分立」と「抑制と均衡
(チェック・アンド・バランス)」の政治原則を厳格に適用するアメリカ政治とは、事
情が大きくことなる。日本の政策決定過程では、行政府が広範かつ強力な裁量
権を持っており、圧力団体は行政にも直接、圧力行動を試みる。しかし、そこ
には限界もあり、立法府の議員を介して、行政に働きかけることが行なわれる。

日本では、北欧諸国のような大規模
な職能代表制ではないが、中規模程度
の形で「族政治」と呼ばれる政治現象
が見られる。たとえば「農林族」「建
設族」「運輸族」「商工族」など、特定
の分野の政策決定に大きな影響力を持
つ「族議員」が、圧力団体や主務官
庁と結合して、「政・官・業」という
「鉄の三角形 (アイアン・トライアングル)」
と呼ばれる癒着構造を形成してきた。

このことは、利益誘導や政治腐敗に
つながりかねない政治的土壌となって
いるといってよい。

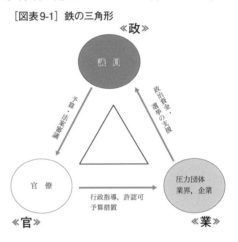

[図表9-1] 鉄の三角形

《政》
議員
予算・法案審議
政治資金・選挙の支援
官僚
《官》
行政指導,許認可
予算措置
圧力団体
業界, 企業
《業》

[出典]加藤秀治郎ほか『新版 政治学の基礎』(一藝社、2002)を基に作成

第7節 圧力団体と政党

◆▶ 圧力団体と政党の相違

現代社会では、選挙での1票にさまざまな利害のすべてを込めるのは、事実上、
不可能である(⇒第8章・第4節)。また、選挙区で地域代表を選ぶ選挙制度では、職業
的利益を十分に反映できない。

圧力団体は、すでに見た通り、利益表出の不十分さを補完する役割を果たす。
圧力団体には政党の機能低下を補うという側面がある。そのため、圧力団体は、

民主主義に一定の貢献をしているとされる。

　利益の「表出」と「集約」の機能（⇒本章・第3節）でいうと、圧力団体と政党は両方の機能の点で重複するが、一般的には、圧力団体は利益表出機能を中心に営むが、政党は利益集約機能を中心に営む（⇒第7章・第1節）。

　政党と圧力団体の決定的な違いは、政党が、政権の獲得を目的とするのに対して、圧力団体は、個別利益の実現を目的とする点である。政権獲得を目指す政党は、有権者から広範な支持を集める必要があり、組織を開放的にして、状況に応じて政策を変更し、修正する柔軟さが必要なのである。

　これに対して、圧力団体の関心は、自己利益と関連のある領域に限られ、特に国民全般の利益を目指してはいない。その要求は硬直的で、状況に応じた柔軟性は期待しにくい。要求の実現に要する財源をどうするかという考慮も乏しく、政策面での全体的な体系性は求められない。また、政党のように選挙の機会もないので、国民に政治責任を負うこともないのである。

第9章

第8節　アメリカ外交をロビーせよ——利益集団によるロビイング

◆◆アメリカ外交とロビイング

　対外政策の領域でロビイングが盛んに議論されるようになったのは、1970年代以降の比較的に新しい現象である。なぜなら、対外政策は大統領を中心とした行政府が遂行するが、ロビイングは、働きかけの対象をもっぱら議会に置いてきたからである。

　ところが1970年代以降、特に通商政策における議会の役割が増大した。国際的相互依存の深化にともない、国際と国内の問題はリンクし、経済問題が政治化の様相をますます強めてきた。特に通商問題は、国内の利益集団と所轄省庁の利害とが結びつきやすく、しばしば争点が過剰政治化する。特定の利益集団の特殊利益を反映した擬似国益化のレベルまで引き上げられて、外交当局の交渉能力では手に負えなくなってしまうのである。

　合衆国憲法修正第1条※は、国民が政府に「請願する権利」を認めている。利益集団は、その特殊利益の擁護・増進のために政治に働きかけ、政策決定に影響力を行使しようとする。ロビイストは、利益集団の代理人として、こうしたロビー活動を専門的に行なう。政治家でさえ理解が難しい法案や規制に関する情報を提供することが最たる機能である。

※「信教・言論・出版・集会の自由、請願権」（1791年成立）として知られる条文。「連邦議会は、国教を定めまたは自由な宗教活動を禁止する法律、言論または出版の自由を制限する法律、ならびに国民が平穏に集会する権利および苦痛の救済を求めて政府に請願する権利を制限する法律は、これを制定してはならない。」（アメリカンセンタージャパンWebページ）

　1946年の連邦ロビイング規制法以来、ロビイスト登録や活動収支報告の情報公開が義務づけられてきた。政府高官や議員、新聞記者などの出身者か弁護士が多い。政権を辞職してすぐにロビイストに転じるケースも多く、逆に、ロビイストが政権入りすることもめずらしくない。政権と特定業界とのつながりが問題視されることも少なからずあった。

◆◆ 「グラスルーツ・ロビイング」と「スーパーPAC」

　利益集団の政治力では資金力や規模の大きさがものを言うが、たとえ少数であっても、よくまとまって組織されていれば、大きな発言力を持つことができる。他方で、対外政策における利益集団の影響力をあまり過大評価してはいけないという見方もある。ある利益集団による活発なロビー攻勢は、その動きに脅威を感じた別の利益集団の台頭を促すからである。このような利益集団の相互増殖的な政治力学があるため、互いの政治的影響力が相殺されてしまう。エスニック集団※にも、同様の論理があてはまる。

　利益集団によるロビイングの形態として、議員や政府高官に直接アクセスするのではなく、世論に働きかける間接的な手法もあるが、これは「グラスルーツ・ロビイング※※」と呼ばれる。マスメディアを通じた世論形成をはじめ、手紙や電話、電子メールによる情報提供や動員活動を行なう。

　さらに、1973年の選挙資金改革法によって、「政治活動委員会（PAC※※※）」を通じた政治献金ができるようになった。利益集団はPACを組織し、政治家への献金を通じて、従来のロビイングとは違った形で、影響力を行使することが可能となったのである。PACを経由した政治献金は増大傾向にあり、特に1994年11月の「中間選挙」(⇒本章・第1節)以降、二大政党の勢力があらゆる政治レベルで伯仲する状況となり、その政治的意義が無視できなくなっている。

　2010年以降のアメリカ政治では、「スーパーPAC※※※※」も登場し、アメリカ大統領選挙で集められる政治献金は、より膨大なものとなってきた。

　2016年大統領選挙では、トランプは、利益集団からの政治献金にほとんど頼ることなく、ほぼ自前で選挙を戦ったことが注目される。そのため、トランプは、ワシントン政治のアウトサイダーとして振る舞い、「大統領になっても、特定の利益集団の利害に縛られることはない。自分ならば、変革が可能である」と主張することができた。

[島村直幸]

　※ 同じ言語、同じ宗教、同じ伝統的慣習などを持つ集団。
　※※ 「grass roots」は、「草の根」が元の意味。そこから「一般大衆」「世論」を指すようになった。
　※※※ 「Political Action Committee」の略称。PACへの、1人または1団体の献金額は上限5000ドルまでだった。
　※※※※ 「Super PAC」。「特別政治活動委員会」と訳される。献金額の上限はない。

第**10**章

現代の行政国家と官僚制

=⚮ **本章のキーワード** ⚮=

☐ 行政国家	☐ ウェーバー
☐ 夜警国家／福祉国家	☐ 家産官僚制／近代官僚制
☐ 新自由主義	☐ 官僚制の逆機能
☐ 大きな政府／小さな政府	☐ 情実任用／資格任用制
☐ POSDCoRB	☐ 「全体の奉仕者」
☐ NPM	☐ 猟官制

第**1**節 国家の変容

◆━ ■「立法国家」から「行政国家」へ

　19世紀までの国家観を「立法国家」、20世紀以降、とりわけ1930年代以降の国家観を「行政国家」と呼ぶことがある。それぞれの時代に、統治の中心的な機関の名前を付けたものである。

　特に、イギリスの統治を考えるとき、国王と議会の権力争いから派生して、議会が権力を徐々に掌握_{しょうあく}していく近代民主化の過程（立法国家化）と、そこから行政（内閣）の役割が肥大化していく現代国家化の過程（行政国家化）に分けられる。そこでは、時間の経過とともに「立法国家」が次第に「行政国家」に変容していくことが説明される。

　政治学・行政学の範囲では「司法国家」は論じられないが、法学・行政法学の範囲では「司法国家」が言及される。「司法国家」とは、行政裁判所の設置を認めない、英米法的な司法を採用した国家のことを意味する。

　「立法」「行政」「司法」の３権のうち、19世紀までイギリスの統治の中心に
あったのは立法府（議会）である。たとえば、スイス生まれの政治理論家ジャ
ン＝ルイ・ドロルム※は、「（イギリスの）議会は女を男に、男を女に変える以外
はなんでもできる」と述べた。ドロルムの言葉は、イギリスの法律万能主義に
ついて述べたものだが、当時のイギリスの統治の中心が、まぎれもなく議会で
あったことを端的に示している。

　20世紀に入ると、国家の役割は次第に増大していく。それは、普通選挙権
が導入される時期と重なっている。イギリスでは、1928年選挙法改正により、
21歳以上の男女からなる普通選挙が実現した。背景には、第一次世界大戦の国
家総動員体制が女性の政治・社会参加を強く求めたことがある。

第2節　夜警国家、職能国家、福祉国家

◆◆◆「夜警国家」の意味

　19世紀ドイツの社会運動家・理論家のラッサール※※
は、『労働者綱領（*Zur Arbeiterfrage*, 1862）』において、当
時のイギリス的自由主義国家の在り方を「夜警国家」
（ナイトウォッチマン・ステイト）と揶揄した。

ラッサール

　「夜警国家」のコンセプトは、当時のブルジョワ的市民
が求めた国家観であって、国家は市民の自由な経済活動に
介入すべきではないとされ、その「市場万能主義」への傾
斜は、近代経済学の理論的支柱と重なっていた。「夜警国
家」には、国家の放任主義に対する批判的なニュアンスが込められていた。

　「夜警国家」は、「立法国家」の隆盛と時代的に重なっており、徴税の範囲が
非常に限られていて、国家（行政）の役割が最小化されていることを強調する
とき、「立法国家」と呼び変えられることになる。「立法国家」は、イギリスの
制限選挙時代における歴史的産物であって、どのような国家でも「立法国家」
を必ず経由するわけではない。むしろ、政治的自由と選挙権拡大が段階的に進
んだ19世紀のイギリスこそ、「立法国家」を標榜するのに最適なのである。

◆◆◆「職能国家」の登場

　「職能国家」（サービス・ステイト）とは、「夜警国家」や「立法国家」が国家機

　※　Jean-Louis Delolme（1740～1806）。ジュネーヴ出身。同郷のルソーの思想を批判し、イギリスの議会制度を称賛。
　※※　Ferdinand J.G. Lassalle（1825～1864）。プロイセンの富裕なユダヤ商家出身。全ドイツ労働者協会（現在のドイツ
　　　社会民主党などの前身）の創設者。社会主義者ではあったが、同時代のマルクス（1818～1883）とは対立。

能を増大させていく過程で登場した「積極的に公共サービスを果たしていく」国家の在り方である。「職業」と結び付けられることを避けるため、「給付国家」と訳す場合もある。国家の果たすべき役割が、個々の市民の生存権の保障に結びついたとき、特に「福祉国家」（ウェルフェア・ステイト）と呼び変えられる。

◆◆ 「福祉国家」の変化

「福祉国家」は、20世紀後半以降、程度の差こそあれ、国家の在り方の常識となった。イギリスでは「福祉国家」は、長きにわたって合意の政治の範疇とされ、政権交代が繰り返されても、福祉国家が疑問視されることはなかった。

1942年の「ベヴァリッジ報告書」※は、「揺りかごから墓場まで」※※の有名なスローガンで知られる。第二次世界大戦後、アトリー※※※労働党内閣が成立したことは、福祉国家実現の大きな第一歩となった。

ところが1970年代に入ると、2度の石油ショックとそれによる不況下のインフレが同時進行し、先進各国はスタグフレーションの時代に入った。イギリス経済は回復のきっかけを見いだせず、手厚い保護のせいで労働者の雇用は守られたが、国の財政は悪化し、瀕死の「イギリス病」との評価が定着しつつあった。

第10章

第3節　新自由主義の台頭

◆◆ 「新自由主義」とは

世界的な景気後退の中、行政改革に活路を見いだそうとする「小さな政府」への回帰が、イギリス、アメリカ、日本などで同時に生じた。それぞれの指導者の名前を冠し、サッチャリズム、レーガノミクス、中曽根民活路線などと呼ばれた。

「小さな政府」3国と「大きな政府」1国 ▶
1983年の先進国首脳会議（ウィリアムズバーグ・サミット）における各国首脳。向かって右から、イギリス首相・サッチャー（Margaret H.Thatcher, 1925～2013）、日本国首相・中曽根康弘（1918～2019）、アメリカ大統領・レーガン（Ronald Reagan, 1911～2004）、フランス大統領・ミッテラン（François Mitterrand, 1916～1996）。

※ イギリスの経済学者ベヴァリッジ（William H.Beveridge, 1879～1963）の報告「社会保険および関連サービス」のこと。
※※ 健康保険や失業保険、老齢年金など充実した社会保障制度を意味する、イギリスの労働党が掲げたスローガン。第二次大戦後、日本を含む世界各国の福祉政策に大きな影響を与えた。
※※※ Clement R. Attlee（1883～1967）。イギリスの首相、労働党党首。1945年7月の総選挙で勝利し政権獲得。

このような「小さな政府」への回帰は、19世紀の自由主義をリバイバルさせるものであったため、「新自由主義（neo-liberalism）」と呼ばれた（⇒第3章・第4節）。保守政権が行政機構の減量化を主導する一方で、同時に、外交・軍事政策的に強い国家を標榜したため、「新保守主義」とも呼ばれた。

◆━◆ 「大きな政府」対「小さな政府」

1981年に当選したフランスのミッテラン政権は、世界的な傾向に抗って「大きな政府」路線の「ミッテランの実験」を追求したが、2年で政策転換した。

1986年には、保守連合のシラク内閣が復活し、遅れて新自由主義への傾斜を強めたが、1988年にミッテランが再選され、フランス社会党政権は、その結果、再国有化も民営化もせず、との二重の拒否戦略に転じた。

21世紀以降、アメリカでは、「小さな政府」を志向する政治潮流「茶会派※（Tea Party）」が登場し、政策形成に影響力を与えた。二大政党の中では、共和党が「小さな政府」志向を強め、一段と規制撤廃を唱えるようになった。

日本では、小泉純一郎内閣（2001〜2006）が構造改革を掲げ、財政投融資改革、道路公団民営化、郵政改革、三位一体改革※※などに取り組んだ。

第4節 行政調整、行政改革、行政革命

◆━◆ 「パーキンソンの法則」

行政機構は需要を無視して、それ自体の論理で増大化・複雑化していく傾向がある。これを「パーキンソンの法則※※※」という。

また、新規に導入された公共政策は、時間の経過とともに陳腐化していき、導入された法律や制度は、徐々に現実と乖離していくものである。そのような意味で、あらゆる法律や制度は絶え間ない制度調整と見直しが必要である。

わが国では、かつて日常的な行政制度の見直しを「行政調整」と呼んでいた。国家機構の増大を避けるため、省庁数や国家公務員の総定員を抑制した結果、時間の経過とともに、行政のゆがみは増大した。

※ 1773年、植民地時代のアメリカで、イギリスの税法に反対した人々が同国の東インド会社が扱う茶箱を海に捨てた「ボストン茶会事件」に由来する命名。現在の運動は「小さな政府」を強く志向する保守派であり、事件と直接の関係はない。

※※ ＜「地方にできることは地方に」という理念の下、国の関与を縮小し、地方の権限・責任を拡大して、地方分権を一層推進することを目指し、国庫補助負担金改革、税源移譲、地方交付税の見直しの3つを一体として行う改革＞（総務省Webページ）

※※※ イギリスの歴史家パーキンソン（Cyril N.Parkinson, 1909〜1993）のベストセラー『Parkinson's Law』（1957）で示されたイギリスの官僚制度への批判に基づく。

❖❖ 中央省庁改革

2000年に中央省庁改革が達成され、1府（内閣府の創設）12省庁体制が実現した。しかし振り返ってみれば、それは、池田勇人内閣（1960〜1964）の臨時行政調査会（第1次臨調）による答申の一部をようやく実現したものともいえた。

さらに、その答申は、1939年のアメリカ行政機構改革法による大統領府の創設を雛型としており、結局は、行政制度の高度な安定性を示しているように思われる。

オズボーンとゲーブラーは『行政革命（*Reinventing Government*, 1992）』※を著し、起業家精神から行政改革の徹底化を促した。彼らは実際には「革命」という言葉は使っていないが、ＮＰＭ（ニューパブリックマネジメント：新公共管理論⇒本章・第5節）の流れが強まる中で、行政精神の根本的な組み換えは、革命と呼ぶにふさわしいものであろう。

第10章

第5節　行政管理論とNPM

❖❖ 「POSDCoRB」とは

ギューリック

1930年代、アメリカ行政学者のギューリック※※は、組織のトップリーダーが果たすべき7つの機能を「POSDCoRB（ポスドコルブ）」という造語で表した。

一般的な行政組織は、トップが1人であり、階統制（ヒエラルキー）組織において事務権限を分掌している。そのため、トップリーダーは、行政管理上、次のような管理が必要であるとしたのである。

- ・計画（P＝planning）
- ・組織（O＝organizing）
- ・人事（S＝staffing）
- ・指揮（D＝directing）
- ・調整（Co＝coordinating）
- ・報告（R＝reporting）
- ・予算（B＝budgeting）

行政組織には、独任制のほか、合議制がある。行政組織の本流である階統制

※　オズボーン（David Osborne）はジャーナリスト、ゲーブラー（Ted Gaebler）はコンサルタント会社社長。邦訳は1995年。
※※　Luther H. Gulick（1892〜1993）。コロンビア大学教授。1936年から38年まで、ローズヴェルト大統領の行政管理委員会で委員を務めた。

94

組織では、今日においても、行政管理論が依然として強い規範力・説明力を有している。

しかし、特に1990年代以降、先進各国で行政改革（行政組織の現代化）が進展し、公共の役割が見直されるようになるにつれて、行政の論理とは相容れないと考えられてきた「市場主義」「顧客主義」などが、行政内部に強く作用するようになってきた。

◆◆ NPMの活用と限界

各国行政組織の法体系と制度遺産によってその様相は異なるものの、OECD (Organisation for Economic Co-operation and Development：経済開発協力機構) 諸国においても、効率的な政府の樹立が共通の目標とされるに至った。

NPM（⇒前ページ）の手法は多様であるが、最大公約数的には「民間企業の手法を公共部門に取り入れること」であり、具体的には「市場原理」「顧客主義」「業績主義」「組織のフラット化」などの要素からなる。

リプスキー※は、「ストリートレベルの官僚制」（『行政サービスのディレンマ (Street-Level Bureaucracy: Dilemmas of the Individual in Public Service, 1980)』）において、第一線の職員の裁量が増大していることについて論じた。

リプスキーは、NPMを絶対視しているわけではなく、その含意は曖昧であるが、矛盾する画一性と現場裁量の両立によって、現場に過度のフラストレーションが生じていることは確かであろう。

NPMが、従来の行政管理論を完全に乗り越えたたわけではなく、たとえば、公共施設の管理については、指定管理者制度、PFI※※、PPP※※※（公民連携）などの新手法が一部実用化されている段階にとどまっている。

第6節 政官関係

◆◆ 「政官関係」とは

政治（政治家）と行政（官僚）の関係を「政官関係」と呼ぶ。たとえば、内閣と中央省庁は、政治家たる大臣がトップに座り、補佐的機構である中央官僚機構を上から統制しているとの見立てが成り立つ。

　地方でも、政治家である首長（しゅちょう）（都道府県知事・市区町村長）が、職員機構のトップに君臨し、事実上、大統領的な権力を掌握している。

　しかしその一方で、官僚機構・職員機構は、一定の自律性を有しており、必ずしもトップの意向に完全に従うわけではない。現実問題としてトップが組織全体を掌握するのは不可能であるから、組織の自律性は官房系組織によって統制され、トップといえども尊重せざるを得ないのである。

　政治と行政の境界部分は、「権力のインターフェース」と呼ばれる。政治家では大臣・副大臣・大臣政務官が、行政と政治に同時にかかわる存在であり、事務方では、典型的には事務次官である。大臣秘書官には政務・事務の両面がある。

省庁の自律性か、官邸主導か

　アメリカでは、「ジャクソニアン・デモクラシー」（Jacksonian democracy）※の伝統から、政治任用の幅が最も大きい。行政の高度化した現代では異色であるが、ポストは勝者のものという考え方が根強く、素人（しろうと）行政が広く許容される政治文化がある。

　イギリスでは、オックス・ブリッジ（Oxbridge）出身者※※からなる職業行政官は職務を全う（まっと）し、政治家への転身は生じないとされる。行政は政治に従うとの行政文化が徹底されていると考えられている。

　フランスやドイツでは、政治エリートと行政エリートの相互浸透が見られ、相互の行き来も頻繁（ひんぱん）である。行政官が身分を保留したまま、政治家に転身することが認められている。フランスでは、高級官僚が大臣官房における政治的スタッフとして取り立てられることが政界入りのきっかけとなっている。国家の威信を背負ったエリートが政治、行政、経済、社会に自然に進出している。

　日本では、行政（「霞が関」（かすみがせき）※※※）の自律性が強く、大臣といえども、省庁内の人事に口をはさまないものとされてきた。特に、わが国では大臣は短期交代するため、官僚の省庁別採用と相まって（あい）、各省庁の自律性は相当高い。

　近年では、首相の官邸主導を背景に、内閣および内閣官房の影響力が強まっており、内部力学に変容が見られる。

霞が関一丁目交差点付近
右正面は外務省。左手の高層ビルは、文部科学省・文化庁などが入る中央合同庁舎第7号館。この間（街路樹の向こう側）に財務省などがあり、これらの建物の背後の坂を上ると、国会議事堂、首相官邸などがある。

※　第7代大統領ジャクソン(Andrew Jackson, 1767～1845)の在任時(1829～1837)に確立された、公務員の交代などの政治的制度・慣習を指す。⇒**本章第8節**

※※　イギリスのオックスフォード大学(University of **Ox**ford)と、ケンブリッジ大学(University of Cam**bridge**)それぞれの出身者のこと。オックスフォードは12世紀に、ケンブリッジは13世紀に創設。共に政官界ほか多くの著名人を輩出。

※※※　東京都千代田区の地名。多くの行政機関の庁舎が集中して立つため、「行政／官僚」の同義語として使われる。隣接する「永田町」は、国会議事堂、首相（総理大臣）官邸、各政党本部などがあるため、「国会／政府／政治家」の比喩に使われる。

第7節 官僚制

◆◆「官僚制」とは

「官僚制(bureaucracy)」の語源は、18世紀の市民革命前のフランスであるとされている。官僚制は、中央政府の行政機関や、そこで勤務する公務員たちのことをまとめて指すことが一般的であるが、地方政府や一般企業、軍隊などといった組織にも、この概念を当てはめることができる。

　最初にこの制度を研究してその特質を明らかにしたのが、ドイツの政治学者・社会学者ウェーバー(⇒第1章・第3節)である。

◆◆官僚制の歴史的変遷と諸原則

(1) 家産官僚制と近代官僚制の違い

　ウェーバーは官僚制を、前近代と近代以降で、そのあり方には違いがあることを指摘し、「家産官僚制」と「近代官僚制」という言葉で区別した。

　「家産官僚制」は、古代中国の帝政や、中世ヨーロッパでの絶対王政などでみられた。すなわち、当時の皇帝や国王は、国家そのもの(人民や領土)を「一家の財産＝家産」として扱ったので、それを管理する官僚と組織が必要とされたのである。家産官僚制では、身分制に基づく主従関係がピラミッド型に構築された。

　「近代官僚制」は、市民革命後における近代国家の出現によってみられるようになった。近代官僚制は、それまでの身分制に基づく主従関係ではなく、職務上の契約関係でピラミッドを構築しているため、家産官僚制とは大きく異なる。

(2) 支配の正統性

　政治権力を握った者(権力者)は、持たざる者を意のままに操ろうとする。また、権力に刃向かう者に対しては強制的に抑えつけようとする。このように、政治権力の発動とは強制力の発動を意味し、一面的には、社会秩序の維持のために必要不可欠なものであると言える。

　しかし、権力者が恣意的に強制力を行使して人々を抑え込み続けた場合、非常に大きな代償を払わなければならなくなる。よって、権力者はできるだけ自分の命令や支配を正統化し、人々が内心から服従するよう仕向けようとする。

　ウェーバーは、上記のような権力者による支配の正統化を「支配の三類型」と名付け、「伝統的支配」「カリスマ的

ウェーバー

支配」「合法的支配」の３つに分けて説明を行なった(⇒第1章・第3節)。

　３つは複合的に交わっている場合もあるが、ウェーバーは、近代以降の社会において、国家の「合法的支配」には近代官僚制が欠かせないと述べている。

(3) 近代官僚制の諸原則

　また、ウェーバーは近代官僚制の特徴として、主に以下のようなものがあるとしている。

　　①規則による規律
　　②明確な権限
　　③一元的な階統構造(ヒエラルキー)
　　④公的職務活動と私生活の分離
　　⑤職務の専門性
　　⑥決定・命令の文書による伝達(文書主義)
　　⑦資格任用制

第10章

　近代官僚制は、これらの特徴を持っていることにより、正確性、迅速性、統一性、安定性といった点において、他の形態をとる行政よりも技術的に優れているとされた。

官僚制の逆機能

　一方、近代官僚制は良いことばかりではない。アメリカの社会学者マートン※は、官僚制の機能障害について着目し、研究を行なった。そして、「官僚制の逆機能」という言葉で、官僚制の持つ負の側面について指摘したのである。

　たとえば、上記で挙げたいくつかで説明すると、以下のようになる。

　❶規則による規律
　　[逆機能] →絶対に曲げてはいけないという杓子定規な対応(規則万能主義)。
　❷明確な権限
　　[逆機能] →自身の権限や利益に固執して、全体の利益を損なうという縦割り行政
　　　　　　　(セクショナリズム) が起こるおそれ。
　❸一元的な階統構造
　　[逆機能] →上司には服従するが、部下には威張り散らす(権威主義的態度)
　❻決定・命令の文書による伝達
　　[逆機能] →規則や手続きが煩雑化してしまい、かえって非効率となる(繁文縟礼)。

※　Robert K.Merton (1910〜2003)。コロンビア大学教授。20世紀のアメリカ社会学研究を代表する1人。主著『社会理論と社会構造』。

第8節 公務員制度の概要

◆◆日本の場合 ── 近代化と「戦後」の変化

(1) 情実任用だった「維新官僚」

　わが国において、公務員制度が確立したのは、明治時代初期にまで遡る。江戸幕府に代わる新政府が樹立されると、この政府を支える新たな官僚機構が必要となった。そこで当初は、倒幕に功績のあった薩摩・長州・土佐・肥前4藩から有能な武士を官僚として採用し、実務に充てたのである。彼らは「維新官僚」と呼ばれたが、実態は藩閥による「情実任用」の公務員であった。

　やがて、1877年（明治10）には最初の官立大学として東京大学が設立され（1886年〔明治19〕に「帝国大学」と改称）、近代化のための官僚育成機関も整っていった。

　1887年（明治20）には「文官試験試補及見習規則」が制定され、官僚は試験によって一定の専門性を有する者しかなれないという「資格任用制」が取り入れられた。しかし、帝国大学卒業者などにはこの規則は適用されないという例外規定があったため、依然として無試験で官僚となる道も開かれていた。

(2) 「資格任用制」の確立

　本格的な資格任用制の採用は、1893年（明治26）の文官任用令である。背景には、藩閥による任用や帝国大学卒業者優遇への「民党」（⇒第7章・第2節）からの批判があり、第2次伊藤博文内閣（1892～1896）が改正に動いたからとされている。

　資格任用制に変化が起きたのは、第1次大隈重信内閣（1898）の時であった。この内閣は、憲政史上初の政党内閣を意味したが、同時に、首相の大隈（薩摩閥・長州閥から冷遇された肥前出身）らは「藩閥政治」打破を掲げて、与党・憲政党員の行政機構への進出を図った。各省の次官、局長、地方長官といったポストを官僚たちから政党員へ配分していったのである。

　一方、このような状況に、現職の官僚たちは危機感を覚えた。外務省や文部省で活躍した都筑馨六※は、1898年に「貴族院ノ諸公ニ告グ」と題し、次のように記している。

都筑馨六

　　「内閣ノ更迭スル毎ニ、前任者ノ朋党ニ代フルニ自己ノ朋党ヲ以テシ、行政部全体ノ組織ヲ振動セシムルハ朋党政治ノ常癖ナリ。米国々民ハ其弊ニ堪ズシテ、終ニクリーブランド※※氏ノ時ニ当リ官吏登用法ヲ制定スルニ至リタリ」

　※　1861～1923。高崎藩出身、西条藩（現・愛媛県の一部）藩士の養子となる。東大卒業後、ドイツに留学。外務省入省後、フランスに留学。井上馨（長州出身）の養女と結婚。法制局参事官、文部次官、外務次官を歴任。貴族院議員に勅選。
　※※　Stephen G. Cleveland（1837～1908）。22代および24代アメリカ合衆国大統領（任期1885～1889／1893～1897）。民主党。引用文は、前任の第21代大統領アーサー（共和党）が義務づけていた「ペンドルトン公務員改革法」（本文「アメリカの場合」参照）を、クリーブランドが推進したことを意味する。

　つまり都筑は、アメリカの例を引き、「猟官制」(⇒本節・次項)の弊害について警鐘を鳴らしたのである。

　大隈内閣※の後に成立した第2次山縣有朋内閣(1898〜1900)内閣は、文官任用令を改正して(1899)、各省の次官以下について政治任用への道を閉ざした。これによって、日本はアメリカのような猟官制をとることなく、資格任用制を原則とした公務員制度を確立したことになる。

　ただし、大正デモクラシーの進展によって、第1次山本権兵衛内閣(1913〜1914)、原敬内閣(1921)の下では、上記の資格が一時的に緩和されて、与党政党員が官吏に任命されることもあった。

(3)「天皇の官吏」から「全体の奉仕者」へ

　第二次世界大戦後は、公務員の位置づけも大きく変化した。戦前の官僚は、大日本帝国憲法で、

「天皇ハ行政各部ノ官制 及 文武官ノ俸給ヲ定メ 及 文武官ヲ任免ス」(第10条)

と規定されることで「天皇の官吏」と位置づけられ、「官尊民卑」という言葉にも示されているように特権階級として扱われてきた。

　しかし、戦後は日本国憲法によって、

「すべて公務員は、全体の奉仕者であつて、一部の奉仕者ではない」(第15条)

とされ、それまでの地位は否定された。「全体」とは「国民全体」を意味する。

　また、戦後まもない1948年(昭和23)、人事院が設置され、以後、国家公務員の採用や任免基準の設定を行なってきた。

　しかし、2014年(平成26)、第2次安倍晋三内閣で「内閣人事局」が設置されると、国家公務員制度の企画・立案、幹部職員人事の一元管理などを行なうこととし、内閣による官僚に対する統制も強化されている。

◆◆アメリカの場合──「猟官制」の歴史と現在

　アメリカでは、建国から間もなくして「猟官制」(spoils system)が歴史的に行なわれてきた。猟官制とは、政権与党に代わって野党の大統領候補が選挙に勝利し、政権を獲得した場合、前政権によって任命された官僚を解雇し、新しい大統領の支持者(選挙活動中の支援者)に公職を分け与える仕組みである。「党人任用制」とも呼ばれる。

　猟官制は、第3代大統領ジェファーソン※※の時代(1801〜1809)に始まり、第7代大統領ジャクソンの時代(1829〜1837)には、政治的慣行として確立したと

※ 第1次大隈重信内閣は、与党である憲政党の分裂や、貴族院議員、官僚たちの抵抗にあって、約4か月で倒閣した。
※※ Thomas Jefferson(1743〜1826)。1776年「アメリカ独立宣言」の起草者。初代大統領ワシントン政権では国務長官。

言われている。

　まずジェファーソンは、政治的信条を行政機構の末端まで浸透させるために、与党・民主共和党（のちの民主党）党員を官僚として採用した。

　これをさらに発展させたのがジャクソン（民主党）で、大統領就任時に大規模な官僚の入れ替えを行なった。当時は、民主政治の確立や官僚制の打破のために必要な手段であるとされた（「ジャクソニアン・デモクラシー」⇒本章・第6節）

ジェファーソン

　やがて猟官制は、アメリカで徐々に浸透していった。当時の行政は、いわゆる「小さな政府」（⇒本章・第3節）であったため、官僚は単純な仕事のみをこなしていれば良く、さほど大きな問題にはならなかったのである。しかし、次第に、官僚の政治家化や素人化、腐敗化が目立つようになっていく。

ジャクソン

　猟官制の決定的な転換点は、大統領暗殺事件であろう。1881年、選挙後に公職の見返りに漏れた者によって、第20代大統領ガーフィールド（共和党）が、在任期間6カ月で殺害された。急遽、副大統領から昇格したアーサー※は、第21代大統領在任中の1883年に、資格任用制を義務づける「ペンドルトン法（ペンドルトン公務員改革法）※※」の導入を決定した。

アーサー

　ただし、この法律をもって、アメリカから猟官制が完全に消滅したわけではない。現在でも、政権交代のたびに、中央省庁の局長以上、大統領補佐官、部長、課長といった上級管理職の一部、秘書など多くのポストが「政治任用職」として残り、約4,000人は交代させることができる。

［第1-6節：増田 正／第7-8節：半田英俊］

※　Chester A. Arthur（1829～1886）。大統領在任は、前任者ガーフィールドの急死した1981年から1985年まで。
※※　上院議員ペンドルトン（George H. Pendleton／民主党）が提案したことに基づく命名。

第11章

大衆社会から高度情報化社会へ

第 11 章

═══════ ✂ **本章のキーワード** ✄ ═══════

- □ 大衆社会
- □ 市民／公衆／群衆
- □ コーンハウザー
- □ 多元的社会
- □ 権威主義的パーソナリティ
- □ リップマン
- □ 議題設定機能
- □ アナウンス効果
- □ グローバリゼーション
- □ 持続可能性

第1節 市民社会から大衆社会へ

➤➤市民社会の市民と「公衆」

　19世紀後半から20世紀初めにかけた時期から、現代社会は、大衆によって政治社会の動向が決定される「大衆社会」といわれてきた。

　大衆社会に先立つのは、市民革命によって成立した市民社会である。名誉革命後のイギリスやフランス革命後のフランスなど、17世紀から19世紀にかけての西欧社会がその典型である。市民社会の中心を担ったのは、「教養と財産」のある市民であった。それ以外の民衆も存在していたが、政治社会の動向とは無関係の存在であった。

　市民社会の政治社会の担い手は、「公衆」とも呼ばれる。公共の問題に積極的な関心を払う、理性的な市民を集合的にそう呼ぶのである。いわば理想的な市民像である。

◆◆公衆社会の公衆と群衆

しかし、産業化と都市化が進展してくると、市民層の内部が同質的でなくなっていく。民主主義の進展や、社会主義の影響の下、政治から疎外されてきた「民衆」に政治参加の要求が高まってくる。労働者階級をも含んでいて、公衆は内部に異質なものを含んでくる。

公衆社会をもたらした産業化と都市化だが、第二次産業革命によってさらに工業化が進むと、農村で農業に従事していた人々が、都市に出てきて工場で働くようになった。こうした人々は自由な都市住民として生活するようになるが、人々は一面では孤立した存在となり、根なし草となりかねない。「原子化された個人」と呼ばれる。その集合体が「群集」である。

ル・ボン※が1895年に『群集心理（La psychologie des foules）』で描いたように、その場限りで、一時的に集まった人々のことを「群集」と呼ぶ。人々は匿名の存在となり、非合理的な行動をとりやすく、暗示にかかりやすい。そこには爆発的なエネルギーが潜んでいる。一方、タルド※※は1901年に『世論と群衆（L'opinion et la foule）』で、「公衆」は分散して存在し、理性的なのに対して、「群衆」は密集して存在し、非合理的な存在であると指摘した。

第2節 大衆社会の政治

◆◆３つの公衆観

公衆については、肯定的な考え方と否定的な考え方がある。公衆の持つエネルギーを積極的に評価して、それに期待をかける立場は、マルクス主義に代表される。公衆は、支配層の圧力に抵抗して、組織に結集し、歴史を創造するとされる（⇒第3章・第3節）。

これに対して、公衆の受動性、非合理性、情緒性を重視するのが、悲観的な公衆観である。大衆は、エリートによって操作されやすく、全体主義を支える基盤となりかねないとされる。しかし近年では、これら両方から公衆を考える立場がある。公衆は二面性を持つということになる。

◆◆大衆民主主義の脆弱性 —— コーンハウザーの類型から

選挙権の拡張は民主主義の発展として歓迎された。しかし、大衆の受動性や

※ Gustave Le Bon（1841～1931）。フランスの社会心理学者。『群衆心理』はその後の多くの政治家に影響を与えた。
※※ Jean - Gabriel de Tarde（1843～1904）。フランスの社会学者、社会心理学者。20世紀後半以降、再評価が進んだ。

[図表10-1] コーンハウザーの4つの社会類型

		非エリートへの操作可能性	
		〔低い〕	〔高い〕
エリートへの接近可能性	〔低い〕	共同体社会	全体主義社会
	〔高い〕	多元的社会	大衆社会

［筆者作成］

非合理成を考えると、大衆操作の可能性も高くなることから、大衆民主主義（mass democracy）の脆弱性（ぜいじゃくせい）が指摘されることになる。

　たとえば、コーンハウザー※は1959年に『大衆社会の政治(The Politics of mass society)』で、4つの社会を類型化し、現代社会＝公衆社会と捉えず、公衆社会を狭義に捉えた(**図表10-1**)。

　すなわち、公衆社会の第一の特徴は、大衆がエリートに容易に操作されやすいということである。「非エリートの操作可能性」の高い社会と位置づけられる。

　第二に、大衆がエリートに影響を及ぼしうることである。あまり数は多くないが、大衆の中からエリートになる人が出てくることである。「エリートへの接近可能性」が高い社会であるとされる。こうした公衆社会と対極にあるのは、前近代社会であり、共同体社会である。そこでは、エリートの地位は世襲などで決まるので、接近可能性は低い。また地縁や血縁の人間関係が濃密で、外部からの影響は受けにくい。操作可能性も低いのである。

　第三に、全体主義社会である(⇒第3章・第3節)。全体主義の独裁が確立された社会では、エリートの地位が独占的に固定化される。また、エリートは大衆の意向に気を配らなくなり、大衆から影響を受けにくくなる。接近可能性は低くなり、この点で、狭義の大衆社会と区別される(⇒第13章・第3節)。

　第四は多元的社会だが、社会集団が多元的に存在している場合は、大衆が中間集団と結びついており、それだけエリートによって操作されにくくなる。この点で、多元的社会は狭義の大衆社会と区別される (⇒第9章・第5節)。

第3節　多元的社会

◆◆多元的な中間集団 —— 自由民主主義の安定のため

　コーンハウザーは、自由民主主義が安定するのは、多元的社会だと捉えていた。たとえば、企業や労働組合、協会など、自律的な社会集団が多元的に存在し、個人が複数の集団に所属している社会では、人々は画一化（かくいつか）されにくく、そ

※ Arthur W. Kornhauser（1896〜1990）。アメリカの政治社会学者。カリフォルニア大学バークレー校教授。

れぞれの集団の役割は限定的なので、個人を集団がまるごと支配することもない。これらの集団は、国家と個人の中間に存在するので、中間集団と呼ばれる。

こうした中間集団が多い多元的社会では、人々は自律的となり、民主主義が安定する。たとえば、アメリカやイギリスは、こうした多元的社会であると考えられる。理論的な言葉で言いかえると、多元的な社会集団を欠いている場合には、「原子化された個人」は、むき出しの状態で社会にさらされ、孤立感と疎外感を抱き、精神的に不安定となるため、エリートの操作を受けやすくなる。

中間集団がないと、大衆の政治参加も無制約で混乱したものとなるので、民主主義は脆弱性を帯びることになる。こうした状況の下で、全体主義が台頭すると考えられる。右派のファシズムや左派の共産主義などである(⇒第13章・第3節)。全体主義の社会では、自律的な中間集団の存在は許されない。

第4節 大衆社会でのエリート

◆◆「エリート」とは

エリートとは、ある社会やある特定の分野で優れた地位を占め、社会の意思決定に、特に影響力を持つ少数者であると考えられている。たとえば、ラスウェル(⇒第2章・第3節)によれば、いろいろな価値を最も多く獲得し、支配することのできる人々である。20世紀初めまでに市民社会から大衆社会へと移行していくと、マルクス主義に対抗するかたちで、いくつかのエリート論が展開された。

たとえば、パレート※は、エリート層と被支配層の関係が固定化されていないことを強調した。時代や社会の変化により、出生や学歴などエリート層の徳性が変化し、エリートの交代が生じるとした。エリート像の変化を、「エリートの周流」と言う。

一方モスカ※※は、多数を組織化すれば、必ずピラミッドの頂点を占める少数の支配が必要になるとして、エリートの発生の原因を明らかにした。

ミヘルス※※※は、こうした議論に影響され、「寡頭制の鉄則」を唱え、民主主義を標榜する政党であっても、組織として合理性を求めていく限り、少数者支配が生じることを明らかにした。

これら初期のエリート理論は、天性優れたエキスパートが支配するべきであると論じることで、無条件にエリート支配を肯定する傾向を持っていたため、後にナチズムの指導原理の正当化に利用されることになった(⇒第3章・第3節)。

※ Vilfredo Frederico Damaso Pareto (1848～1923)。イタリアの経済学者、社会学者。ローザンヌ大学教授。
※※ Gaetano Mosca (1858～1941)。イタリアの政治学者、政治家。トリノ大学教授。
※※※ Robert Michels (1876～1936)。ドイツ出身の社会学者・歴史学者。バーゼル大学、ローマ大学教授。

◆▶権威主義的パーソナリティ —— フロムの提示

　権威に自ら進んで従おうとする態度を、権威主義という。フロム[※]の『自由からの逃走（*Escape from Freedom*, 1941）』によれば、ナチス台頭時のドイツ国民の多くは、第一次世界大戦後の民主体制の下で与えられた自由を重荷に感じるようになり、ヒトラーの権威に服従するようになった。

フロムの母国、ドイツ語版『自由からの逃走』

　フロムは特に、ヒトラーの周辺に集まった人物の行動様式を分析し、権威を背景に他者を攻撃しようという加虐的性向の持ち主と、権威に服従することで快感を覚える自虐的性向の持ち主が多いことを見出した。これら両者を「権威主義的パーソナリティ」という。

　またフロムは、同じような性向はドイツ国民にも多く見られたとして、ドイツ国民の社会的性格が権威主義的であったと、ナチズムの心理的基盤を分析した。

第5節　大衆社会と世論

◆▶疑似環境とステレオタイプ —— リップマンの注意喚起

　リップマン^{※※}は『世論（*Public Opinion*, 1922）』で、大衆社会の世論の実態について、注意を喚起した。人々は遠く離れた場所での出来事について、自分自身では直接見たり聴いたりできないので、マスメディアの情報だけで出来事を認識している。人々はいわば「擬似環境」の下で暮らしているのであり、それは事実と大きく異なるものとなっていく可能性があるという。

　また、人々の思考も柔軟ではない。あらかじめ形成されている好き嫌いの感情や選好などから、不都合な情報を回避したり、情報を単純化したり、歪曲することも多い。これを「ステレオタイプ」と言うが、型にはまった反応をする。大衆民主主義といっても、その基盤を成している世論にはこういう傾向があるのだから、うまく運営できるものと、楽観はできないとされた。

　大衆社会では、情報量が増えるばかりであり、情報の洪水のなかで、人々は情報の相互関連が把握しにくくなる。そのため、マスメディアには、情報の相互関連や社会的意義を明らかにし、提示する機能が期待される。

リップマン

　※　Erich S. Fromm（1900〜1980）。ドイツ出身の社会心理学者・精神分析学者。ナチス政権成立後、アメリカに亡命。
　※※　Walter Lippmann（1889〜1974）。アメリカの政治評論家。20世紀で最も影響力のあったジャーナリストとされる。

◆◆ マスメディアによる大衆操作の可能性

　大衆社会では、マスメディアの役割は大きく、特に民主主義国だが、政府からの情報の提供、大衆からの意見の伝達が、不可欠である。

　独裁体制や権威主義体制の国家であっても、大衆行動や大衆集会などでの大衆の参加が不可欠であるが、そのための宣伝は、マスメディア無くしては不可能である。大衆社会では、エリートが大衆操作の道具としてマスメディアを利用する可能性がある。現実に、ロシア革命やファシズムの台頭は、マスメディアによる政治宣伝の重要性を明らかにした。

　特にヒトラーは、「原子化された個人」に、ラジオを通じて直接に働きかけ、暗示にかかりやすい大衆から同調的行動を引き出していった。こうしてヒトラーは、政治宣伝を巧みに用い、（第一次世界大戦後ドイツに誕生した）ワイマール共和国の民主政治を倒したのである。

　しかし、ヒトラーのナチ党も、選挙に勝ち、民主的手段で独裁を樹立したのであり、その運動を支えた大衆がいたことを忘れてはいけない（⇒第3章・第3節／第4章・第4節）。

宣伝活動に優れた独裁者の訃報もまた、大きな政治宣伝となる。ヒトラーの死（1945年4月30日）を伝える、アメリカの軍隊向け新聞「Stars and Stripes（星条旗新聞）」の号外（日付は5月2日）。

第6節 マスメディアと大衆社会

◆◆ コミュニケーションの2段階の流れ

　多元的に中間レベルの社会集団が存在している社会では、マスメディアの作用はストレートではない。他方で、中間レベルに自律的集団の少ない社会では、マスメディアを通じての操作が強力な影響力を発揮する可能性がある。

　以上の点を理論化したのは、ラザースフェルド（⇒第8章・第6節）らである。マス・コミュニケーションよりも、個人を取り巻く小集団の影響の方が大きいとして、「コミュニケーションの2段階の流れ」説を唱えた。

　すなわち、小集団の中には、マスメディアにより多く接して事情に詳しいオピニオン・リーダーがいる。その人物から口伝えされる「パーソナル・コミュニケーション」は、（マスメディアを道具にした）大衆操作の影響力を制約され、マス・コミュニケーションよりも影響力を発揮しているというのである。

また、クラッパー※は、マス・コミュニケーションによる説得の効果としては、次の5つが考えられると指摘した。

①創造(まだその問題について何らの態度も持っていない人に対して、特定の意見や態度を作り出す効果)
②補強(既存の態度を強化する効果)
③滅殺(態度の改変までには至らないが、既存の態度の強さを弱める効果)
④改変(既存の意見や態度を変更させる効果)
⑤無効果

　クラッパーは従来の研究を整理して、マス・コミュニケーションの効果は、多くが「補強」にとどまり、「改変」に至る事例は少ないと指摘した。こうしてマス・コミュニケーションの効果は、限定的なものであるとする学説を打ち出したのである。

第7節　現代マスメディアの機能

議題設定機能 —— 大衆の関心を高める

　1970年代になると再び、マスメディアはある形態において強く作用するという理論が出てきた。議題設定能力があるという学説である。

　マスメディアは大衆の間での政治的なテーマ、すなわち「議題(アジェンダ)を設定する機能」を持っているという。たとえば、1960年代から1970年代にかけて、先進諸国で大衆がまだ公害にさほど関心を持っていなかった時期に、マスメディアが強力にキャンペーンを張ったことで、大衆の関心が高まったことが背景の1つにある。また、選挙での争点形成でも、マスメディアの議題設定機能は大きい。

アナウンス効果とは

　マスメディアは、選挙の投票行動にも、さまざまな影響を持つ。

　たとえば、選挙の直前に選挙予測が出され、マスメディアで報道されると、それに反応して投票を変える有権者が出てくる。当選可能性がまったくない人に入れても仕方がないということで、他の候補へ逃げたりする効果である。「アナウンス効果」と呼ばれる。

　ノエル＝ノイマン※※の「沈黙の螺旋モデル(die Theorie der Schweigespirale※※※)」

※　JosephThomas Klapper (1917〜1984)。アメリカの社会学者。
※※　Elisabeth Noelle-Neumann (1916〜2010)。ドイツの政治学者。ヨハネス・グーテンベルク大学マインツ教授。
※※※　「沈黙の螺旋モデル」の元々のドイツ語表記。英語では「Spiral of silence」。

もある。大衆は、自分の意見が多数派のものならば、他の人の前で自分の意見を言うが、少数派の意見だと思うと、沈黙してしまう傾向がある。自分の意見が多数派か少数派かの判断は、マスメディアに左右されることが多いことをいう。

第8節 管理社会から高度情報化社会へ

◆━ 高度情報化社会の大衆と世論 ── 「冷戦後」のグローバリゼーションの進展

　大衆社会では、エリートやマスメディアによる働きかけで世論が形成され、強い影響を受けるため、管理社会の側面があった。しかし、1960年代から1970年代にかけて、相互依存が急速に深化し、情報化社会へ移行すると、大衆を「もはや巧く管理できない社会」へと移り変わってきた。

　さらに、「冷戦」[Cold War]※終結後の、「冷戦後」[post-Cold War]と呼ばれてきた1990年代以降のグローバリゼーションの進展によって、情報化社会は、これまでにないほど、「つながり過ぎた世界」へ突入した。人々は、インターネットやメール、ソーシャル・ネットワーキング・サービス(SNS)を使いこなすようになり、情報は大量に瞬時に飛び交う。こうしたデジタル技術の高度な発展によって、これらコミュニケーション技術を巧みに使いこなせる人々と、そうではない人々の間で、「デジタル格差」[digital divide]が拡大しつつあることを忘れてはならない。

　また世論は、特に対外政策の分野では非合理的で情緒的で、ポピュリズムに流されやすいと見られてきたが、特に1970年代以降、世論は予想以上に常識的な判断を下すという新しい学説も出てきた。背景には、たとえばヴェトナム戦争(1955〜1975)やイラク戦争(2003〜2011)での反戦運動の経験がある。世論は、時には非合理的に、時には合理的に判断を下す、と理解すべきかもしれない。

第9節 高度情報化社会の人類

◆━ グローバリゼーション時代の病理とは

　こうしてグローバリゼーションが急速に進展すると、ヒトとモノ、カネ、情報がますます瞬時に飛び交うようになる。ただし、プラスの効果があるばかりでなく、高度情報化社会の人々に多くの弊害ももたらす。つまり、経済的には

※ 「冷戦(Cold War)」は、リップマンが広めた言葉。第二次大戦後のアメリカとソ連(現在のロシア)との、軍事的な実際の戦闘行為に至らない国際的な対立を指す。アメリカと西ヨーロッパ諸国など資本主義諸国を「西側」と呼び、ソ連とその傘下にあった東ヨーロッパ諸国を「東側」と呼んで、冷戦の対立構造は「東西対立」と呼びならわされた。「冷戦後」とは、1990年に東ドイツと西ドイツが再統一された後の時代を指す。

貧富の格差が広がり、国家の財政赤字が膨れ上がり、政治が劣化し、有権者は絶望や怒りをあらわにするようになるのである。

　グローバリゼーションにともなうヒトの移動の拡大で、移民や難民が国境を越えて移動するにつれ、受け入れ側の国家社会では、ポピュリズムやナショナリズムの世論が台頭する。たとえば、イギリスの欧　州　連　合(EU)からの離脱(ブレグジット)※や、アメリカのトランプ政権の成立、東欧諸国での右派ポピュリズムの高まりなどの現象を指摘できる。

◆◆ グローバリゼーション時代のマスメディア

　インターネットやメール、SNSなどデジタル技術のマスメディアの発達について先に触れたが、マスメディアは21世紀に入り、国境を越えた放送網の再編成などにより、国際化している。かつてマクルーハン※※は、「電子メディアは世界を1つの村ないし部族に縮小する」と指摘した。こうしたデジタル技術の発達により、通信と放送の区別がなくなり、さまざまな業種の企業が参入し、グローバル・ネットワークと、地域市場へアクセスするローカル・ネットワークを複合させた「グローカル・ネットワーク」を形成させつつある。

第11章

　マスメディアのグローバリゼーションやグローカリゼーションでは、しばしば経済の論理が優先されているため、将来、さまざまな政治の問題が生じる可能性がある。グローバリゼーション時代のマスメディアの問題の1つは、たとえばアメリカの事例だが、マスメディアのリベラル・バイアスと保守のバイアスのため、情報や知識を受け取る個人がイデオロギー上、両極化してしまっていることである(図表10-2)。

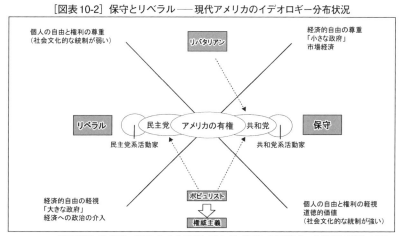

[図表10-2] 保守とリベラル —— 現代アメリカのイデオロギー分布状況

[出典]砂田一郎「思想・イデオロギー」(久保文明・砂田一郎・松岡泰・森脇俊雅『アメリカ政治』有斐閣、2006)、森村進『自由はどこまで可能か—リバタリアニズム入門』(講談社、2011)を基に、筆者作成。

※　イギリスは2016年6月の国民投票でEU離脱を選択し、2020年1月、正式に離脱した。「Brexit」はイギリスを意味する「British」と、退場を意味する「exit」を合わせた造語。
※※　Herbert M. McLuhan(1911〜1980)。カナダの英文学者。メディア論の先駆者。主著に『グーテンベルクの銀河系(The Gutenberg Galaxy, 1962)』。

リベラルな個人は、リベラルなメディア媒体にばかり頼り、保守の個人は、保守のメディア媒体ばかりに触れている。こうして政治も分断され、両極化していく。

◆◆「第四次産業革命」とさらなるデジタル技術

2010年代以降、「第四次産業革命」が進行中である。その変化は、先進諸国間にとどまらず、中国やインドなどの発展途上国も含んでいる。たとえば、第5世代移動通信システム（5G）や人工知能（AI）、ビックデータ、IoT（モノのインターネット）、ロボット、自動運転、ナノテクノロジー、バイオテクノロジー、3Dプリンター、再生可能エネルギーなどの最先端技術である。これらの技術は、さらなる高度情報化社会へと主要国の政治・経済・社会を変容させる可能性がある（図表10-3）。

こうした「第四次産業革命」は、政治にも大きな影響を与えることになる。たとえば、安全保障や軍事の領域では、これら最先端技術は、「軍民両用」の技術として武器や兵器に転用される可能性が高い。すでにそうした動きは加速している。

また、グローバリゼーションのさらなる進展で、地球がますます小さくなりつつあるため、「持続可能性（サスティナビリティ）」がキーワードとなると思われる。

「第四次産業革命」による最先端技術の発達によって引き起こされる効果は、マイナスな側面ばかりではない。先進諸国を中心に少子高齢化が進展し、発展途上国では人口爆発が生じると危惧されている。安易な未来予測はできないが、最先端技術の進歩は、われわれ人類の生活をより利便性の高いものへと変化させる可能性を秘めているからである。

[島村直幸]

[図表10-3] 景気の大循環と科学技術の発達

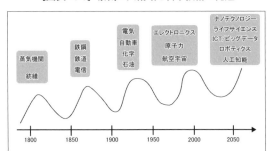

[出典] http://special.nikkeibp.co.jp/as/201307/mitsuibussan/vol3/

第12章

国家

═══════ ✿ **本章のキーワード** ✿ ═══════

☐ 近代国家　　　　　　　☐ 社会契約説
☐ ナショナリズム　　　　☐ 自然状態
☐ 国家の起源　　　　　　☐ ホッブズ/ロック/ルソー
☐ 主権　　　　　　　　　☐ 多元的国家論
☐ 王権神授説　　　　　　☐ 一元的国家論

第1節 国家とは何か

▬▬ 国家の条件

国家とは何か。それは他のコミュニティとは何が違うのか。
一般的に国家には、

　①領域（territory）
　②人民（population）
　③主権（sovereignty）

が、要素として必要不可欠であるとされている。
すなわち国家とは、以下のようなことになろう。

　　一定の土地をベースに、そこに住む人々に対して、他からの干渉を許さ
　ない排他的な統治権を有する組織体

あるいは、1933年12月のモ ン テ ビ デ オ 条 約[※]（国家の権利及び義務に関する条約）では、

> ①永久的住民（permanent population）
> ②明確な領域（defined territory）
> ③政府（government）
> ④他国と関係を取り結ぶ能力
> 　（capacity to enter into relations with the other states）

を、国家として認められるための要件に挙げている。

この場合、たとえば台湾の「中華民国」は、永久的住民、明確な領域、政府はそろってはいるものの、日本を含め世界の大半の国々と外交関係がないために、国際社会において国家として見なされていない^{※※}。

◆◆ 近代国家とは

原始社会における部族国家、古代の都市国家や専制国家、中世の封建国家に代表されるように、古くから国家と呼ばれるものは存在していたが、これらの要件を満たす国家が出現したのは近代以降のことである。それは「近代国家」と呼ばれる。

近代国家では、領域、人民、主権を基礎に、これらを統括する統治機構が成立し、行政を支える官僚機構を備え、政治社会の安全と秩序に対する障害を除去するための警察組織や常備軍を持つという特徴がある。

加えて、通貨の発行、課税や関税といった国民経済の存在も挙げられるだろう。しかし、今日では、世界経済のグローバル化により、経済活動における国境の存在が著しく低くなり、国民経済という概念そのものが、無意味なものになりつつある。

近代以降、国家は1つのネーション（民族・国民）の基盤の上に成立するとの考えが広まるが、このような民族・国民感情がナショナリズムである。そして、この民族・国民を土台とする国家を「民族国家／国民国家（ネーション・ステイト）」という。

ただし、その民族・国民は、必ずしも人種・言語・宗教といったものによる統一性は求められない。アメリカのように、文化的多元性を抱えながらも、共同で国家を形成しようという一体意識があれば、それで成り立つのである。

※ ウルグアイの首都モンテビデオで締結されたことから、こう呼ばれる。正式名称は「Convention on Rights and Duties of States」。アメリカと、中南米の多くの諸国が署名。

※※ ただし、日本と台湾の民間交流はさかん。双方の窓口として、日本に日本台湾交流協会があり、台湾に2カ所（台北・高雄）の事務所を置く。台湾には台湾日本関係協会があって、その支部に当たる台北駐日経済文化代表処（港区）が置かれている。

国家の起源に関する学説

では、そもそも国家とは、どのようにしてできたのか。そこには、いくつかの学説が存在する。代表的なものを挙げてみたい。

（1）神権説

神権説は、人知を超えた神によって国家が創造されたというものである。かつて、人間の理性が発達していなかった頃は、宗教的、霊性的な行為によって社会秩序の維持が図られた。支配者は自分のポジションを安定化させるため、その正当性を神の意思に求め、神の恩寵が働いているから自らが支配者であるとした。

（2）家族説

家族説は、「族父権説」とも呼ばれる。国家の起源を、家族における家父長の支配権に求め、それが発達して国家の支配権になったとするものである。

（3）実力説

実力説は、種族であれ階級であれ、優勢なグループが支配機構をつくったというものである。その中の1つに含まれる征服説(武力説)は、相手のグループが武力征伐によって、あるグループを屈服させ、制圧し、これを支配したことによって成立したと見るものである。

グンプロヴィッツ

たとえば、優越的な狩猟・遊牧種族が劣弱な農耕種族を征服して、支配者になったと説明されるもので、この考え方は、グンプロヴィッツ[※]やラッツェンホーファー[※※]によって唱えられ、スモール[※※※]、ウォード[※※※※]、オッペンハイマー[※※※※※]にも支持されるようになった。

（4）搾取説

この実力説の流れに通ずるものと考えられるのが、搾取説である。

マルクス(⇒第2章・第2節)やエンゲルス(⇒第3章・第3節)は、特権階級が下層階級を搾取し、奴隷労働によって余剰物資を生産するという、経済関係から国家が成立したと説く。そして、2人の理論、いわゆるマルクス主義(marxism)においては、資本主義社会の国家は支配階級であるブルジョア(資本家)の利益を擁護し、プロレタリア(労働者)を抑圧するものでしかなく、社会主義革命によって階級支配がなくなった時に、国家は死滅するとしている。

※　Ludwig Gumplowicz (1838～1909)。ポーランド出身の社会学者、法学者。グラーツ大学(オーストリア)教授。
※※　Gustav Ratzenhofer (1842～1904)。オーストリアの社会学者、政治学者、軍人。
※※※　Albion W. Small (1854～1926)。アメリカの社会学者。シカゴ大学教授。
※※※※　Lester F. Ward (1841～1913)。アメリカの社会学者。ブラウン大学教授。
※※※※※　Franz Oppenheimer (1864～1943)。ドイツの社会学者、政治学者。フランクフルト大学教授だったが、ナチスの迫害を受け渡米。

第2節 国家の主権

主権とは

　近代国家の形成に際しては、「主権」というものの考え方が重視されてきた。主権とは、その国家が、自らの意思決定と秩序維持において、最高、独立、絶対の支配権を有し、他国に拘束されないパワーを持つというものである。

（1）ボーダン

　16世紀、『国家論』を著し、国家が主権を持つべきであると初めて説いたのがボーダン※だった。猖獗を極める宗教戦争の混乱が続くフランスで、国家の秩序回復、それを維持していくには、絶対的権威を持つ主権が必要不可欠であると唱えた。ボーダンは国家の果たす役目を外面的な秩序維持に限定し、宗教に対しては寛容なスタンスを採った。

ボーダン

　しかし、主権者たる君主への抵抗権は否定した。主権は永続的、不可分であり、主権者は法律に拘束されるものではなく、逆に法律は主権者の命令にしか過ぎないものとされた。君主が正しく主権を行使することによって国家の統一性が図られると考えたのである（⇒第15章・第2節）。

（2）王権神授説

　中世ヨーロッパでは、「神」により、精神的な権威はローマ教皇に与えられ、地上の権威は皇帝に与えられているとされた。16世紀から18世紀に成立した絶対王政において、国家の主権を「神」から授けられたのが国王であるとしたのが、王権神授説である。

　国王の権威は、神に由来するものであり、国王の行為は、いかなる権威に対しても責任を負わないとして、絶対王政を擁護するものであった。

　この主権に対する考え方は、それだけに止まらず、近代においても重要なものとして捉えられるようになる。すなわち、王権神授説は、その政治社会が神によって命ぜられた秩序によって成り立っているとし、人民の服従を得ながら、同時にローマ教皇の介入を防ぐものとして思想化していったのである。それを唱えた代表的人物としては、イギリス国王のジェームズ1世（1566〜1625）を支持したフィルマー（⇒第3章・第2節）、フランス国王のルイ14世（1638〜1715）に仕えたボシュエ※※が挙げられる。

　※　Jean Bodin（1530〜1596）。フランスの思想家、法学者。
　※※　Jacques=Bénigne Bossuet（1627〜1704）。フランスの神学者。カトリックの聖職者として、プロテスタント運動に対立。

第**3**節　社会契約説

社会契約説とは

　社会契約説は、近代に入ってから登場したものである。その主唱者としては、ホッブズやロック、あるいはルソーが挙げられる。

　彼らが説く社会契約説には、少なからず違いがあったものの、社会の構成員が「合意」によって少数の支配者が選ぶ契約を結び、社会秩序を形成していくというものである。

　社会契約説は、身分制を前提とする「支配と服従」関係を、理論上において、いったん解体して、人間の本性を問い直していく。国家や社会が形成される以前の状態「自然状態」を想定し、そこでの課題を解決するために、個人と個人が、主体的意思に基づいて相互に契約を結ぶ、とする。

　そして、そこに「支配と服従」関係の正統性の論拠を求めるのである。

　すなわち、社会契約説とは、国家や社会の成立を、その構成単位である個人間の契約に置き、それを根拠に、権力の正統性を説明するものなのである。

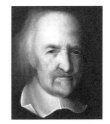

ホッブズ

ロック

ルソー

第12章

ホッブズ

　16世紀にボーダンたちが主張した主権の絶対性については、17世紀になると、その論拠が「自然権」に求められるようになる。自然権とは、人間が生まれながらにして有している権利とされ、ホッブズ[※]は1651年4月に刊行した『リヴァイアサン』の中で、次のように論じた。

　人間は、自然権として生き長らえる権利、すなわち「自己保存の権利」を有している。生来、人間というものは利己的な生き物である。ゆえに自然状態は人と人とが激しい生存競争をする「万人の万人に対する闘争」の場に他ならず、「自己保存の権利」は保障されない。そこで、混乱と無秩序を収拾して「平和的状態」を構築するために社会契約を結んで、国家や社会を形成するというものである。

※ Thomas Hobbes(1588～1679)。イギリス(イングランド出身)の哲学者。主著『リヴァイアサン』の題名は、「旧約聖書」に登場する海の怪物の名に基づき、国家にたとえられている。

　人間は契約によって自然権を相互に譲渡するが、その際、契約の規範力を確実にする物理的強制力として、単一の権力を設け、主権的権力を1人の主権者に託する。

　さらに、相互に譲渡した後は、自己保存の手段の判定権を、その主権者に授けるとした。ゆえに、契約を遵守すべく、「主権者」を選び、その「主権者」に絶対的な服従を誓うことが前提になければならない。

　こうして、「主権者たる君主」に自然権を譲渡することにより、人々は自己保存が約束されるのである。この考え方は、王権神授説（⇒本章・第2節）に近いような印象も受けるが、君主の支配を正当化するにしても、それは、被支配者の権利を守るために必要というのである。

ホッブスの
『リヴァイアサン』

◆◆◆ロック

　ロックは名誉革命直後の1689年末に『統治二論』を発表した（⇒第3章・第1節）。これは『市民統治論』とも訳される。この中でロックは、自然権の概念を理論化、具体化させ、あらゆる個人に生命、自由、財産の権利が与えられるとして、それを「所有」の権利と呼んだ。

　ホッブズと違い、ロックは、自然状態を「平和的状態」としながらも、全ての人々が理性的な判断能力があるとは考えなかった。そこで、人々は固有の権利を守るために社会契約によって政府に自然権を「信託」するとした。

　政治社会は相互契約によって構成され、その政治社会の意思決定は多数決によって成される。ここでの社会契約は、ホッブズのように自然権の全面的放棄を伴わず、譲渡されるのは自然権の解釈と執行の権力である。

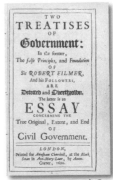

ロックの
『統治二論』
（『市民統治論』）

　こうした限定的な譲渡と併せ、個人の権利を守るため、「権力分立」を唱えた。それは、後のモンテスキュー（⇒第6章・第1節）の三権分立とは異なり、立法権、司法権を含む執行権、さらに、外交に関わる連合権が三権であるとした。そして、その中でも、国民の意見を反映する立法権を最高位に置いた。

　こうして信託による統治は、個人の生命、自由、財産

ルソーの
『社会契約論』

を保護し、それを侵害する者を処罰することによって、権力が無制限化、絶対化することを抑制するものとしている。ゆえに、政府の統治行為が主権者たる国民の信託した内容に反した場合には、信託の撤回が可能とされている。政府に対する抵抗権、革命権が認められているのである。

◆━ ルソー

1762年4月、ルソー※は『社会契約論』を著し、人民主権論を導き出して、フランス革命（1789～1799）に、大きなインパクトを与えた。

ルソーによれば、自然状態では人々は自由で平等であり、人間の本性は善良だが、政府ができて社会状態になると、所有権によって奴隷状態が生まれると説く。したがって、人間が自然状態で所持していた善意性を失うことなく、どう政治社会を構築するかが、ルソーの最大のテーマとなった。その回答は、全員一致の同意による政治社会の構築である。平等状態にある自然人が政治社会を形成するのは、個人の自由意思が根底にあってのことなのである。

その社会契約は、各構成員の身体と財産を共同の力で守り、保護する政治社会を見出すこと、各人が自らの身体と力を共同のものとして共通の利益を求め、全ての構成員の「一般意思」という最高指導に委ねることを具体的内容とする。この一般意思の総体が「主権」である。

国家の全ての構成員は、この主権の下で服従する時、初めて自由となる。このような契約が結ばれれば、個人の私益である「特殊意思」が突出するおそれはなくなり、国民が主権者として自己の意思にのみ服従するのであって、人間が真に、自分が主人となる世の中が到来すると考えた。

ここで政治社会の構築、維持にとって重要になるのが、特殊意思の総体である全体意思ではなく、「一般意思」の概念である。法律も、一般意思の発現とされる。さらにルソーは、人民集会における「一般意思」の表出の妨げになるという理由で、代議政治を否定し、直接民主制を強調している。

第4節 多元的国家論と一元的国家論

◆━ 国家と集団

国家と集団の相関関係については、いくつかの見解がある。代表的なものを列挙してみる。

※ Jean-Jacques Rousseau（1712～1778）。ジュネーブ（現スイス）出身。著書はほかに『人間不平等起源論』など。

（1）多元的国家論

多元的国家論は「政治的多元主義」とも言われる。国家には、社会を調整する機能としての相対的優位性は認められるものの、社会において自主的に運営されている多種多様な集団と並ぶ1つの組織体にしか過ぎないと見なして、国家の絶対性を否定するものである。

これは第一次世界大戦と第二次世界大戦の間に盛んになっていった考え方で、西洋諸国が帝国主義的傾向を持ちはじめ、さらに国家が統制を強め、個人の自由への脅威となりつつある中、国家の無制約の権力化を防ぐために唱えられた。イギリスのバーカー※、ラスキ※※、リンゼイ※※※、アメリカのフォレット※※※※、マッキーバー※※※※※、フランスのデュギー※※※※※※といった面々が、これを主張した。

（2）一元的国家論

一元的国家論は、国家を、個人や集団を包括する最高位の存在とし、絶対的主権を持つとするものである。国家と社会の合体を説いたヘーゲル※※※※※※※の考えが、その代表例である。

ヘーゲル

（3）階級国家論

階級国家論は、国家を、ブルジョア（資本家）階級がプロレタリア（労働者）階級を抑圧するための搾取機関であると説くものである。これは主にマルクスによって唱えられた（⇒本章・第1節）。

すなわち、生産力の拡大によって分業が生じれば「持てる者」と「持たざる者」という2つの階級が発生する。私的所有権に基づき、「搾取する階級」と「搾取される階級」に分かれる。搾取する階級は自らを守るため権力を行使し、搾取される階級を服従させようとする。そこで、搾取する階級が支配階級となり、搾取される階級が被支配階級となる。

ここでは、搾取と被搾取の支配関係を維持する権力機構が必要となるが、それが国家である。マルクスは国家を、支配階級の「道具」と見なした。

［丹羽文生］

※ Ernest Barker（1874～1960）。イギリスの政治学者、政治哲学者。ケンブリッジ大学教授。
※※ Harold J. Laski（1893～1950）。イギリスの政治学者。ロンドン大学教授。労働党の理論的指導者。
※※※ Alexander D. Lindsay（1879～1952）。イギリスの政治学者。ノース・スタッフォードシャー大学初代学長。
※※※※ Mary P. Follett（1868～1933）。アメリカの女性政治思想家、社会活動家。ケンブリッジ大学卒。
※※※※※ Robert M.MacIver（1882～1970）。スコットランド出身、アメリカの社会学者。コロンビア大学教授。
※※※※※※ Léon Duguit（1859～1928）。フランスの法学者。ボルドー大学教授。
※※※※※※※ Georg W.F. Hegel（1770～1831）。ドイツの哲学者。観念論を大成し、ヨーロッパの思想界に大きな影響を与えた。

第**13**章

政 治 体 制

第**1**節 政治体制と比較政治

◆◆ 政治体制の定義

　政治体制 (regime) は、政治秩序を支える統治制度 (form of governance) や規範の総体である。それは、行政・立法・司法の相互関係や選挙制度、政党制、意思決定の方法、さらには、市民と国家とを関係づける価値・規範である政治文化を含む。

◆◆ 自由民主主義体制と比較政治

　現代の先進諸国の政治体制は、自由主義と民主主義の理念が融合した自由民主主義体制 (liberal democracy) を基本としているが、世界にはそれとは異なる政治体制の国々もある。政治学者たちは、そうした体制と自由民主主義体制の違いを、自由民主主義に由来する分析枠組みを用いながら比較し、類型化しようとしてきた。また、自由民主主義体制内部のさまざまな違いについても分析がなされてきた。

第2節 さまざまな「民主主義」

◆◆民主主義と自由主義

　先に見たように、自由主義は、恣意的（しいてき）な権力の発動を抑えることに重点を置いていた。権力は必要悪であって、権力が不当に広がると、個人の自由が侵される、と考えられている。そこでは、自由は「権力からの自由」と理解され、個人の「自由権」が保障されるとともに、権力の恣意的行使を防止する「法の支配」「立憲主義」「権力分立」などの原則が具現化された。自由主義では、自由さえ確保できれば、誰が権力を獲得するのかは二次的なこととされているのである。

　これに対して民主主義は、誰が権力を獲得し、意思決定に参加するかを重視する。それは、「権力への自由」とも呼ばれる。民主主義の論理では、国民が政治権力を掌握（しょうあく）することが重視されており、他方、権力の行使をどう制限し、個人の自由をどう守るべきかという問題は、二次的なことであり得る。

　しかし、民主主義と自由主義は、自由主義を重視するかたちで結びついてきた。古代ギリシア・ローマでは政治参加は自由市民の権利であり同時に倫理的な義務でもあった。参加者に求められる市民的徳性（civic virtue）は、自らを律し、同時に他者を尊重する態度を含むものであった。

　近代における民主主義の運動は、普通選挙権獲得を目指すものであったが、これは、市民革命の指導理念である自由主義を全員に保証することを求める運動でもあった。多くの自由主義者は民主主義を警戒したが、普通選挙権獲得運動を進めた人々もまた、多くは自由主義者だった。自由民主主義国では、単に「民主主義」と呼ぶ場合にも、「自由民主主義」を指すことが通例である。

◆◆社会主義と経済の「民主」化

　19世紀には、経済的平等を求める社会主義の運動が登場する。社会主義者や、真の社会主義者を自称する共産主義者は、政治参加の権利や、その目的であった自由権を平等に確保することだけでは不十分であると非難した。

　政治的平等を求める自由主義的民主主義をかたちだけのものと批判し、経済面における実質的平等を求めたのである。社会主義者や共産主義者は、経済の社会化、すなわち、生産手段の共有化を進めることを経済民主化あるいは単に民主化と呼ぶことがある（⇒第3章・第3節）。

　また、社会主義の登場を受けて、自由主義の内部においても、労働者の保護

や所得の再分配が行なわれるようになったが、そのことを指して民主主義というスローガンが使われることもある。

　このように、個人にどのような自由やそれ以外の権利を与えるのかという問題に関連して、さまざまな「民主主義」の意味が存在するようになった。

社会主義と反・自由民主主義

　経済的平等を達成しようとする動きは、古典的な自由主義のように国家権力を制限するのではなく、社会全体の共有物としての国家権力を積極的に用いて平等を達成しようとする。その結果、自由民主主義の統治形態と対立する主張も現われてくることになる。

　「国家社会主義」を自称するファシズム・ナチズムは、自由民主主義の制度のもとで政権を獲得し、その後も、政治体制自体は変更していないということになっていたが、実際には、第3節で述べるように、自由民主主義体制とは異なる全体主義体制であったとされる。

　社会主義者と共産主義者が協力して起こしたロシア革命（1917）では、ほどなくして社会主義者は政権の座を追われ、共産党による支配体制が確立した。そこでは、共産党とその協力者による支配は労働者階級の意思を代表するものであり、民主主義の新しい高次の形態である、と主張された。「人民民主主義」「プロレタリア民主主義」などと呼ばれる。これは、価値や政策構想の異なる複数政党の存在を肯定する「自由民主主義」とは、明確に対立する考え方である。

　第二次大戦後の「冷戦（Cold War）」時代（⇒第11章・第8節）には、西側諸国の自由民主主義に対し、東側諸国は「人民民主主義」を掲げて対抗することになった。両者は、自らを単に「民主主義」と呼ぶことも多かった。冷戦終結後もこうした用法は続いている。

自由民主主義的な社会主義

　社会主義を称する勢力すべてが、共産主義の「人民民主主義」体制に賛成したわけではない。英米圏の社会主義政党は自らを「民主社会主義（democratic socialism）」と位置付けたが、これは、求める政治体制の違いを明らかにする側面があった。すなわち、「民主」という言葉が自由主義的な民主主義という意味で用いられることがある。ヨーロッパ大陸の社会主義者が「社会民主主義（social democracy）」を称したのも、こうした意味合いを含む用法である（⇒第3章・第3節）。

　共産主義が人民民主主義を主張したのに対して、民主社会主義は、政治的平等の主張とともに、議会制度への参加を通じた経済的平等達成のための改革を唱え、社会主義と自由民主主義を結び付けた。

　西ヨーロッパ諸国の社会主義政党は、このような民主社会主義の立場をとり、「冷戦下」においても、西側陣営の自由民主主義の政治体制を堅持してきた。その勢力は、東側陣営の共産主義体制の崩壊後も、旧西側陣営の主要政党として一定の支持を獲得し続けている。

　1989年以降、旧東ヨーロッパ諸国や旧ソ連（の各共和国）も、急激な政治体制の変動を経験したが、共産党の独裁やそれと一体化した国家による社会・経済統制が否定され、自由民主主義体制に転換したり接近したりした。

第3節 全体主義体制と権威主義体制

◆→ 政治体制の分類

　第二次世界大戦後の各国の政治体制は当初、全体主義研究を行なったフリードリヒ※らによって、自由民主主義体制と全体主義体制（totalitarian regime）のどちらかに分けられてきた。しかし、二分法では説明できない事例が多くあるので、リンス※※はイデオロギー、社会の多元性、参加・動員の程度、権力の集中度などを基準として政治体制をより精緻に分類しようとした。そして、自由民主主義体制、全体主義体制とは別に、その中間的なものについて権威主義体制（authoritarian regime）と呼んだ。

◆→ 自由民主主義体制

　自由民主主義体制は、個人の所有権・自己決定権や多様な活動の自由などの自由権を保障し、政府の権力を監督しようとする。それとともに、権力機構の独占防止のための仕組みや、競争的な選挙制度を併せ持っている。

　具体的には、①法の支配、②複数政党制と自由で平等な選挙、③市民的自由・権利の保障、④政府からの諸集団の自立、⑤権力分立制、⑥市場原理に基づく自由経済、などの特徴を持っている。

◆→ 全体主義体制

　自由民主主義体制の対極には、全体主義体制がある。全体主義は、個人の尊厳を基本とする自由主義を否定して、社会全体の存立が優先される体制である。この体制では、個人や諸集団の利益は利己的なものとして否定的に考えられる。社会ひいては国家が個人よりも高次の存在とされ、国家が国民を画一的に指導することが理想とされる。複数政党が参加する議会の意義も認められない。

　※　Carl J. Friedrich(1901〜1984)。ドイツ出身の政治学者。ナチス政権成立後、アメリカに帰化。ハーバード大学教授。
　※※　Juan José Linz(1926〜2013)。ドイツ生まれの政治学者。スペイン系。イェール大学名誉教授。

　全体主義は、①単一のイデオロギーによる支配、②独裁政党による支配、③秘密警察と恐怖支配による相互監視と動員、④文化・情報活動（マスコミや教育）の独占、⑤武力の独占、⑥中央統制経済、などを特徴とする。

　歴史上の事例としては、ナチス・ドイツやイタリアのファシズム体制や、スターリン支配下のソ連の共産主義体制などが典型とされる（⇒第3章・第3節）。

　こうした全体主義研究は、フリードリヒらによって盛んとなったが、共産主義者を弾圧したファシズム体制と、ファシズムを資本主義の最終形態と呼んで攻撃した共産主義者を、支配体制の形式的特徴の類似性をもとに同質と見なすことには批判もあった。しかし、両者の共通性を明らかにしたこの分析枠組みの意義は大きい。ただし、全体主義体制の国々でも、上記のすべてが同じように満たされているとは限らないので、注意して分析・比較することが重要である。

◆◆ 権威主義体制

　権威主義体制は、自由民主主義体制とはいえないが、かといって全体主義体制というほどでもない、中間にある第三の政治体制を説明する概念である。

　代表的な事例としてリンスが念頭に置いていたのは、1930年代末から70年代半ばまでの、スペインのフランコ総統による独裁体制である。フランコのファランヘ党は、元々はファシズム運動であったが、政権を獲得すると次第に現状追認的となった。

スペインの独裁者フランコ
フランコ（1892〜1975、右）は1930年代の内戦でドイツ・イタリアの支援を受けたが、第二次大戦では中立を表明。戦後は東西の「冷戦」による国際的な地位の変化も利用し、政権を堅持した。1959年、アメリカ大統領アイゼンハワー（1890〜1969）来訪時。

　外交では、ドイツやイタリアと異なり、第二次世界大戦で自由民主主義国を中心とする連合国と戦うことをしなかったし、内政でも、技術者や官僚による比較的実務的な統治が続いた。ファランヘ党の一党支配が続き、政権批判は許されなかった一方で、一定の市民的自由が認められていた。後期のフランコ政権と類似の体制として、サラザール首相のポルトガルがあった。

　この他にも、権威主義体制は、冷戦下東西両陣営のせめぎあいの場であった、ラテン・アメリカ、アジア、中東、アフリカなど、第三世界といわれた地域の国々に多く誕生した。現在まで残っているものもある。

　西側陣営と近い国々では、軍事エリートと技術者・官僚（テクノクラート）が指導層を形成し、「反共」主義を唱え、ナショナリズムや、力による抑圧も交えて統治を行なった。アフリカやラテンアメリカに特に多かったが、ザイール（現在のコンゴ民主共和国）や1970年代から80年代にかけてのチリなどが特によく

知られる。中東地域の君主国にも見られた。

　アジアでは、かつての台湾、韓国や、フィリピン、インドネシアなどがある。資本主義陣営への帰属による国家主導の経済開発を優先させ、政治面では抑圧的な統治となっていた点に注目して「開　発　独　裁^{developmental dictatorship}」と呼ぶこともある。

　東側陣営と近かったり、中立を標榜した国々では、反「植民地_{ひょうぼう}」主義や反資本主義などが唱えられたところが異なっているが、ほかは上記「開発独裁」とほぼ同様の体制であった。エジプト、リビア、シリア、イラクなど北アフリカ・中東の「アラブ民族主義」的政権や、革命後のイランの聖職者支配、ラテンアメリカの社会主義政権などがある。

　権威主義体制をめぐる議論としては、ハンティントン※の「（民主化の）第三の波（*The Third Wave : Democratization in the Late Twentieth Century*, 1991）」の理論もある。1970年代から90年代にかけて、非自由民主主義体制から自由民主主義体制への移行が起きたとする見解である。

　1970年代には、ポルトガルやスペインなど、当初権威主義のモデルとされた南欧諸国で政権が崩壊し、議会制民主主義が復活した。ラテンアメリカでも同様の動きがあった。80年代には、台湾、韓国、フィリピンなどの親西側陣営の「開発独裁」政権下において反対政党の活動が活発化し、自由化への道が開かれた。ラテンアメリカでは、1980年代後半にも、西側陣営と近いチリ、東側陣営と近いニカラグアなどで、権威主義体制から自由民主主義体制への移行が見られた。さらには、東欧やソ連、モンゴル、エチオピア、アルバニア等における共産党一党支配が終結するなど、全体主義体制の変動も発生した。

　なお、旧共産主義圏においては、自由民主主義体制への移行までには至らず、権威主義体制となっている国々もある。少数ではあるが、北朝鮮（朝鮮民主主義人民共和国）のように、全体主義体制を継続している国もある。また、中華人民共和国の体制をどのように評価するのかも現代政治学の重要な課題である。

◆◆ 全体主義体制と権威主義体制の比較

　権威主義体制と全体主義体制の違いを比較すると、次のようになる。

(1) 政治構造の一元制の程度

　自由民主主義体制では、政党のほかさまざまな社会的・経済的諸集団の自由な活動を認めるなど、社会が多元的であるが、全体主義体制では一元的である。これに対して、権威主義体制の場合には、教会、経営者組織、労働組合などの活動が許され、限定的な多元性が存在する。複数政党による自由な競争は保障されないが、準反対派と呼べる勢力が許容されることもある。

※ Samuel P. Huntington（1927〜2008）。アメリカの政治学者。ハーバード大学教授。『文明の衝突（*The Clash of Civilizations and the Remaking of World Order*, 1996）』でも知られる。

（2）動員の程度

全体主義では、さまざまな手段によって、個人の私的領域にまで立ち入った宣伝・組織化が行なわれ、また公の場での集会や示威運動が盛んに行なわれる。それに協力しないと、体制に批判的と見なされる。

これに対し、権威主義体制は静態的で、国民は政治に無関心になることが多く、公然と体制を批判さえしなければ、それで許される傾向にあった。

（3）体系的なイデオロギーの有無

全体主義は、強力なイデオロギーで理論武装がなされるが、権威主義体制は、それと比べると体系的なイデオロギーを欠いている。それに準じる主義があっても、徹底されることは少ない。支配政党のイデオロギーも、諸勢力の融和や円滑な統治のために、妥協的で曖昧になることが多い。

（4）指導者のカリスマ性の程度

全体主義体制が出現した時には、カリスマ的な指導者が強権的な支配を行なった。これに対して、権威主義体制の指導者は、軍官僚出身者が多かった開発独裁体制を中心に、概してカリスマ性が薄く、伝統や血統に依拠するのが特徴であったと言われる。

ただし、後年は、全体主義体制においても、カリスマ的指導者の死後には党官僚出身者など非カリスマ的な指導者が登場したり、事実上の集団指導体制になることも少なくなかった。

他方、権威主義体制においても、エジプトのナセル大統領やリビアのカダフィ大佐のようにカリスマ的な資質を持つ指導者が強力な発信に成功した例もある。

全体主義体制ではもとより、権威主義体制においても、指導者のカリスマ性を高めるための宣伝の努力や個人崇拝の実施は盛んに行なわれる。

ナセルとカダフィ（1969）
ナセル（1918～1970、右）は1956年からエジプトで、カダフィ（1942～2011）は1969年からリビアで、亡くなるまで実権を掌握し続けた。

第4節　自由民主主義体制の測定

◆◆◆「ポリアーキー」とは

自由民主主義体制の条件としては、言論・結社の自由、自由で公正な選挙、平等な選挙権など、数多くのものがある。しかし、これらの条件をすべて完全に満

たすような国は、現実には存在しない。自由民主主義体制
の中にも自由化や民主化の程度の濃淡があるし、権威主義
体制との境界もはっきりと分かれているわけではない。

そこで、ダール（⇒第7章・第6節）は、現存している国の自
由化と民主化の度合いを比較したり、歴史発展を分析す
ることができるモデルを考えた。そのモデルでは、デモク
ラシー、あるいはリベラルデモクラシーという言葉につい
ては、諸条件を完全に満たす純粋なものを指すことになる

ダール

のであえて使わず、現実に存在する自由化・民主化された体制を「ポリアーキー
（複数者支配）」と呼んでいる。

ポリアーキーは、以下の条件をおおむね満たしている体制である。

①政府の決定は選挙された指導者によってなされる。
②自由で公平な選挙によって指導者が平和的に交代する。
③実際上、すべての成人が投票権を持つ。
④ほぼすべての成人が公職に立候補することができる。
⑤市民が、政治的表現や政府批判を自由に行なう権利を持つ。
⑥市民が、さまざまな情報に接近することができる。、
⑦市民が、政府から自立した政治団体や利益集団に参加する権利を持つ。

◆━◆ ポリアーキーの測定 ── ダールの2つの条件

ダールは、政治体制がどれだけポリアーキー的であるかを測定するにあたって、
2つの条件を設けた。

1つは、「自由化（=公的異議申し立て）」である。言論・集会・結社の自
由などを保障し、政府への批判を許すかどうか、である。

もう1つは、「包括性（=参加）」の程度で、選挙権など政治的意思決定
に関与できる人の割合などをいう。

この2つの次元を組み合わせると**図表13-1**のようになる。

自由化と包括性のどちらも高い状態にあるのが「ポリアーキー」というこ
とになる。どちらも低いのが、前近代社会に代表される「閉鎖的抑圧体制
（閉鎖的覇権体制）」である。

自由化だけが高く、包括性は低いのが、競争的寡頭体制である。市民革
命により自由化が進んだものの、制限選挙だった頃の西欧の政治体制はこれに
該当する。

一方、包括性は高いけれども、自由化が低いのが「包括的抑圧体制（包括的覇権体制）」である。形式的に普通選挙権が確立されており、包括性は高いが、複数政党間の競争が事実上存在しなかった旧ソ連などがこれに該当する。

ポリアーキーに近い事例の中でも、一方の基準では進んでいるが、他方の基準では遅れているといった国があった。たとえばスイスでは、自由化の度合いは高くても、1971年に女性に選挙権が拡大されるまで、参加の面では遅れていた。

昭和初期の日本では、男性普通選挙権が認められるなど包括性が高まったが、公的異議申し立てについては、限定があった（⇒第7章・第2節）。

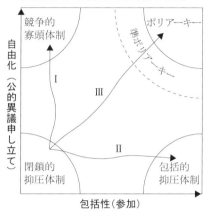

［図表13-1］ 自由化、包括性、民主化

〔出典〕ダール『ポリアーキー』三一書房、1981年、p.11を参考に作成。

第5節 自由民主主義体制の分類

◆◆多極共存型民主主義──レイプハルトの分析

自由民主主義体制の分析をする際、政治学者は元々、暗に、比較的同質の国民や、社会認識の隔たりがそこまで大きくない国民を想定して、自由競争や参加者の拡大を論じていた。

しかし、それまであまり関心の払われることがなかったオランダ、ベルギー、スイス、オーストリアなどのヨーロッパ大陸中小諸国の研究から、それとは異なる自由民主主義体制の分析が生まれた。

それまで、これらの西欧中小諸国については、内部に異質性や断絶を抱える、不安定な政治体制と考えられる場合が多かった。だが、レイプハルト※は、これらの中小国の体制では、国内に言語、宗教、民族、地域などの分断的な要素を持ち、政党制が多党制であっても、政治が安定していることを示した。そして、こうした諸国の自由民主主義体制を「多極共存型民主主義（多極協調型民主主義）」と呼んだ。

※ Arend Lijphart（1936〜）。オランダ出身の政治学者。カリフォルニア大学サンディエゴ校名誉教授。

協調行動と比例原則 —— 選挙制度への影響

　これらの国々では、国内で言語や宗教など、いくつかの多元的な要素が強固に存在するのみならず、それぞれが同じような属性の集団にばかり所属する傾向が強く、社会が分断されている。そのため集団間に強い緊張関係が潜在しているのだが、そうであっても、安定した自由民主主義を維持している。

　その理由としては、多極共存型民主主義の諸国では、各集団の指導者が社会での相互の協力の必要性を認識し、協調的に行動することがあるとされる。つまり、文化的あるいは異質な集団の政治指導者が、国家統治のために大連合の形で政権を組み、協同して政治運営にあたるのである。そして、国内の少数派集団を保護するために、可能な限り全会一致による決定方式を目指し、少数派集団の拒否権がかなり認められている。

　また、決定にあたっては各集団の規模に応じて利益が配分されるように、比例（均衡）原則が重視されているので、選挙制度も比例代表制をとる（⇒第8章・第2節）。さらには、少数派集団だけが利害関心を持つ分野については、拒否権を持つ少数派集団の自己決定が尊重される。

　こうした措置は、多元社会（⇒第11章・第3節）の多元性をより一層際立たせる一方で、そこでは、それぞれの間の合意を常に重視することを通じた協調・安定が図られている。この多極共存型デモクラシーは、イギリスやアメリカのように、選挙での競争と多数決原理による決定で運営する方式とは異なる、別の自由民主主義のあり方を示している。

合意形成型民主主義と多数決型民主主義

　レイプハルトはその後、このような多極共存型デモクラシーの概念を発展させ、2つの自由民主主義の類型の一方の極として明示した。

　すなわち、一方には、西欧中小諸国のように、社会における多様な諸勢力の合意を重視する「合意形成型民主主義」（consensus democracy）があり、他方には、イギリスやアメリカなど、多様な諸勢力の競争と多数派の意思の実現に重きをおく「多数決型民主主義」（majoritarian democracy）があるとして、両者を対比させたのである。

［吉田龍太郎］

第14章

国際政治と国際政治経済

━━━━ ♫ **本章のキーワード** ♫ ━━━━

☐ 無政府状態 ☐ グローバリゼーション

☐ 冷戦 ☐ リアリズム

☐ 大国／覇権国 ☐ リベラリズム

☐ 勢力均衡 ☐ 文明の衝突

☐ 集団安全保障 ☐ グローバル・ガヴァナンス

第1節 国際政治と主権国家

◆◆ 無政府状態の主権国家システム

近代以降の国際政治のシステム原理は、「無政府状態（アナーキー / anarchy）」である。すなわち、国際政治では、主権国家よりもより上位の権威、つまり、世界政府が存在しない。国際政治は、主として主権国家から構成されている。換言すれば、国際政治では、主権国家がばらばらに併存している。こうした主権国家システムは、17世紀前半の「三十年戦争」を終結させた1648年のウェストファリア講和条約（Westphalia）を契機に成立した。そのため、近代以降の国際政治は「ウェストファリア体制」と呼ばれることがある。

近代国家、すなわち主権国家の「主権（サヴァリンティ / sovereignty）」とは、対外的かつ対内的に排他的な権威・権力を有することを指す。近代以前には、主権国家は存在していなかった。古代のヨーロッパ地域には、ギリシアの都市国家間の合従連衡（がっしょう）と、ローマ帝国による帝国秩序があった。

中世の西ヨーロッパ地域は、「キリスト教共同体」と呼ばれる複雑な国際秩序で、ローマ教会の「教皇」と神聖ローマ帝国の「皇帝」という普遍的な権威と権力が併存していた。

近代以降、国際システムの原理的な仕組みが無政府状態であることには変化はないが、主権国家システムは大きく変遷してきた。すなわち、17世紀半ばから20世紀初めの第一次世界大戦までの「西 欧 国 家 体 系 $^{\text{western state system}}$」から、第二次世界大戦後の「冷 戦 $^{\text{Cold War}}$」(⇒第11章・第8節)へ、まず移行した。

西欧国家体系は、約270年間も比較的に安定的に続き、「冷戦」は半世紀近く継続した。冷戦の終結後は、しばらく「冷戦後」と呼ばれてきたが、新しいネーミングが発明されていないことからも、21世紀の新しい国際秩序の姿は、まだ明確に描けていないといえよう。

◆━◆「帝国主義世界体制」との二重構造 ── ヨーロッパ地域と非ヨーロッパ地域

こうして、近代以降の国際システムは、政治的には主権国家システムだが、同時に、経済的には資本主義システムの生成と発展の歴史であった。両者のシステムのいわば"結婚"であった。以上は、国際政治の中心である西ヨーロッパ地域を軸とした歴史の見方である。

ヨーロッパ(やアメリカ、日本)の宗主国と、アジアやアフリカ、中東地域の植民地との間の関係は「帝国主義世界体制」と呼ばれる。このシステムは、1870年代以降、第二次世界大戦後まで継続した。つまり、西欧国家体系や冷戦と、帝国主義世界体制との二重構造なのであった。第二次世界大戦後には、帝国主義世界体制は徐々に溶解していき、脱 植 民 地 化 ^{decolonization}の動きが進展した。

◆━◆国際政治の舞台と行為主体 ── いくつかの定義

「国 際 ^{international}」は、国家間を意味するので、「国際政治」は、国家間の政治である。「国際社会」や「国際秩序」という時には、国家間なりの社会や秩序が形成されていることを意味する。「国際関係」という時には、政治や軍事だけでなく、経済や社会なども含めた包括的な関係を指す。「国際システム」という時には、社会科学として価値中立的なニュアンスがある。これらに対して、「世界政治」という時には、主権国家のみが行 為 ^{actor}主体ではない、というニュアンスが生じる。

近代以降の西ヨーロッパの「大国」に対して、第二次世界大戦後の米ソ両国は「超 大 国 $^{\text{super power}}$」と呼ばれ、区別される。核兵器とその運搬手段をほぼ独占する国家を指す。「覇権国(ヘゲモン)^{hegemon}※」は、軍事や経済、政治などあらゆる分野で圧倒的なパワーを有する国家を指す。その他に「中 小 国 $^{\text{middle power}}$」がある。

※ 覇権国(ヘゲモン)が持つ力を「覇権」(hegemony：ヘゲモニー)という。

　また、国際秩序の安定性をめぐり、現 状 維 持 国 家か、現 状 変 革 国 家か
という区別を念頭に、議論を展開することもある。

　国家以外の行為主体としては、国際機関と国際制度、同盟、多国籍企業、非
政府組織（NGO：non-governmental organizations）、市民社会などが想定される。特
に20世紀後半以降、国際政治の行為主体は多様化してきた。

第2節　国際政治と国内政治

国際政治と国内政治の連結・連関

　近代以降、国際政治と国内政治、外交と内政は、切り離されてきた。それぞ
れ、自律した論理で動くシステムとして理解されてきたのである。学問としても、
政治学がまず発展し、第一次世界大戦（1914 ～ 1918）の大きな被害を受けて、
国際政治学ないし国際関係論が形成されてきた。国際政治学は、社会科学のな
かで比較的に若い学問なのである。

　しかし、1960年代後半から1970年代にかけて、国際問題の国内政治化、国
内政治の国際政治化の動きが本格化した。ローズノウ※は、こうした国際情勢を
捉えて、「連結・連関政治」と呼んだ。政策決定論では、パットナム※※が、国
際交渉と国内交渉を想定する「2レベル・ゲームズ」の分析枠組みを提唱した。

第3節　国際政治と安全保障

勢力均衡か覇権安定か

　国際政治上、国家安全保障を維持するための手段としては、特に西欧国家体
系の時代に、「勢 力 均 衡（BOP）」の対外政策が意図的に推進されてきた。勢
力均衡とは、一国もしくは1つの同盟の勢力が圧倒的に強力になることを防ぐ
ために、残りの勢力が対抗する政策を指す。

　たとえば、18世紀初めのスペイン継承戦争を終結させたユトレヒト講和条約
（1713）では、島国のイギリスがバランサーの役割を担い、オーストリアのハ
プスブルク家と、フランスのブルボン家との間のバランスを図った。

　また、19世紀初めのナポレオン戦争を終結させたウィーン会議の議定書

　※　James N. Rosenau（1924～2011）。アメリカの政治学者。ジョージ・ワシントン大学教授。
　※※　Robert D. Putnam（1940 ～ ）。アメリカの政治学者。ハーバード大学ケネディスクール教授。

（1815）では、勢力均衡の仕組みが緩やかに制度化されて、「ヨーロッパ協調」[Concert of Europe]が実現した。敗戦国のフランスにも、「寛大な講和」[soft peace]が提供された。経済的には、18世紀後半の産業革命に先駆けたイギリスが19世紀には世界の工場となり、「パックス・ブリタニカ※」の時代であった。

　こうした勢力均衡のメカニズムに対して、覇権国が存在する時には、世界経済が安定し、国際システムの秩序は安定するという議論もある。

　ギルピン※※らの「覇権安定理論」である。覇権国が存在すれば、覇権国が自らの国益のためにも、国際レジームや国際制度など国際公共財を提供し、公共選択のディレンマが解消されると想定される。覇権国は、16世紀のポルトガルとスペイン、17世紀のオランダ、18世紀と19世紀のイギリス、20世紀のアメリカと移り変わってきたという。

◆▶◆集団安全保障の仕組み —— 国際連盟から国際連合へ

　もう一つ、国際政治を安定化させるための手段として、「集団安全保障」の考え方がある。集団安全保障とは、システム内の勢力による侵略や戦争に対して、残りのすべての加盟国が対応するという仕組みである。第一次世界大戦後に初めての集団安全保障の国際機構として、「国際連盟」[League of Nations]が設立された。アメリカのウィルソン※※※大統領の14カ条の平和原則で提案された。

　ただし、アメリカ議会の上院（⇒第6章・第1節）は、国際連盟の設立を盛り込んだドイツへのヴェルサイユ講和条約の批准を否決したため、アメリカは国際連盟に不参加となった。共産化したソ連（ソビエト社会主義共和国連邦）もしばらく、戦後の国際秩序から排除された。何よりも、第一次世界大戦の終わらせ方が、敗戦国のドイツに「過酷な講和」[hard peace]を押しつけるものであったことが戦後の国際秩序を不安定にしていた（国内の不満は、やがてヒトラーの台頭を招くこととなる）。

　1929年からの世界大恐慌後、1930年代に世界経済は「ブロック化」してしまい、植民地を「持たざる国」のイタリア・ドイツで、それぞれファシズム・ナチズム（⇒第3章・第3節）が、日本では軍国主義が台頭し、対外侵略に乗り出していく。しかし、軍事的制裁措置を持たなかった国際連盟は、こうした動きを食い止めることはできず、やがて、第二次世界大戦が勃発してしまう。英仏両国がヒトラーのドイツに「宥和」[appeasement]政策をとったこと、アメリカが覇権国として振る舞う意思がなかったことなどが背景にあった。

　第二次世界大戦後には、新しい集団安全保障の国際機構として、「国際連合（国連）」[United Nations]が成立した。国連憲章第7章で国連軍の設置を定めた国連は、軍事的な制裁措置を備えた国際機構であった。そして、国連の安全保障理事会の

　※　「Pax Britannica」。ラテン語で「ブリテンによる平和」（「ブリテン」はここではイギリスの意味）。19世紀に多くの植民地を制したイギリスを、多くの属州を治め「パックス・ロマーナ」（ローマによる平和）と呼ばれた古代ローマ帝国に結びつけた表現。
　※※　Robert Gilpin（1930〜2018）。アメリカの国際政治経済学者。プリンストン大学教授。
　※※※　Thomas Woodrow Wilson（1856〜1924）。第28代大統領。民主党。政治家以前はプリンストン大学総長。

「国連」の由来 ▶
1945年2月、英・米・ソ3国首脳によるヤルタ会談。第二次世界大戦終結の道筋や、国際連合の設立、ドイツ分割などについて協議(ソ連の日本への参戦も密約)された。なお、「国際連合:United Nations」は、彼ら大戦中の「連合国:United Nations」に由来する。向かって左から、イギリス首相・チャーチル(Winston Churchill, 1874〜1965)、アメリカ大統領・F.D.ローズベルト(Franklin D. Roosevelt, 1882〜1945)、ソビエト社会主義共和国連邦最高指導者・スターリン(Joseph Stalin, 1878〜1953)。

常任理事国（P5）であるアメリカとソ連[※]、イギリス、フランス、中国の
5カ国には拒否権を与え、大国の協調による平和の実現が目指された。

　しかし、現実の国連は、第二次世界大戦後の「冷戦」の開始によって、期待
された機能を果たせなかった。安全保障理事会では、アメリカとソ連が相手国
の提案にそれぞれ拒否権を行使するという応酬劇となってしまった。また、国
連軍は、まだ結成されていない。1950年からの朝鮮戦争や、冷戦後の湾岸戦争
（1991）の時に派遣されたのは、厳密には「多国籍軍」であった。冷戦の時代
の国連は、平和維持活動(PKO:Peacekeeping Operations)を地道に展開し、停戦
監視などに努めた。冷戦の終結後には、国連の役割に期待する声がにわかに高
まったが、国連改革はその後、一向に進展しなかった。

第14章

第4節　国際政治と国際経済

◆◆相互依存の深化とグローバリゼーションの進展

　1960年代後半から1970年代にかけて、アメリカを中心とした西側諸国
の間では、特に経済的に相互依存が深化した。近代以降、国際政治と国際経
済は、切り離されてきた。安全保障や軍事の問題に関わる国際政治の争点は、
「高次元の政治」と位置づけられ、経済や技術などの争点は「低次元の政治」と
みなされてきた。

　1970年代以降、こうした「二層トラック・システム」が崩壊したのである。
国際レベルで経済問題の政治問題化が顕著な現象となっていく。1969年から
1990年代にかけて、日米間では、同盟関係にあるにもかかわらず、貿易摩擦が
政治問題化し、かつ日常化した。

※　ソ連は、1991年に社会主義体制が崩壊し、連邦内のいくつかの共和国が独立して解体した。最大の共和国だったロシア共
和国は「ロシア連邦」として再構成された。現在はロシア連邦が、国連での権限やソ連時代の国際的な権利を継承している。

　学問上は、1970年代以降、「国際政治経済学（IPE：international political economics）」が生まれた。たとえば、ストレンジ※は、『カジノ資本主義（*Casino Capitalism*, 1986）』や『国家の退場（*The Retreat of State*, 1996）』、『マッド・マネー（*Mad Money*, 1998）』などで、国際経済の脆弱さに警告を鳴らし続けた。

　さらに1990年代以降には、グローバリゼーション（globalization）が急速に進展した。グローバリゼーションの進展によって、ヒトとモノ、カネ、情報は、大量、かつ急速に（時に瞬時に）国境を超えるようになった。グローバリゼーションの進展は、世界を均一化・画一化、フラット化していくと想定された。情報革命もあって、たしかに世界は狭くなり、「つながり過ぎた」状態となった。

◆◆ グローバリゼーションの問題点

　問題は、グローバリゼーションの進展が、国際レベルで「北」の先進国と「南」の発展途上国との間の経済格差を拡大すると同時に、それぞれの国内で経済格差の拡大をもたらしてきたことである。こうした現実は、多くの国内でポピュリズムの台頭を招いている。たとえば、イギリスの欧州連合（EU）（European Union）からの離脱（ブレグジット）（Brexit）、アメリカのトランプ政権の成立、サンダース※※旋風、東欧諸国での右派ポピュリズムの台頭などである（⇒第11章 第9節）。

　もう1つの問題は、グローバリゼーションの進展は、一方でコスモポリタニズム（cosmopolitanism）を推し進めるが、他方で、原理主義の反発を招くことである。特にイスラーム圏などで、地域社会や家族など伝統的な共同体が崩壊していくことに対する反発は根強い。2001年の9.11同時多発テロ攻撃は、グローバリゼーションへの反動であった側面が強い。その後アメリカは、「テロとの戦い」に踏み切り、アフガニスタン戦争とイラク戦争に突入した。

　また興味深いのは、グローバリゼーションの進展と同時に、リージョナル化（regionalization）が進展していることである。グローバル化とリージョナル化の同時進行は、「グローカリゼーション」（glocalization）と呼ばれる。

　たとえば、通商・貿易交渉などは、世界貿易機関（WTO：World Trade Organization）のグローバルなレベル、欧州連合（EU）、アジア太平洋経済協力会議（APEC：Asia-Pacific Economic Cooperationt）、北米自由貿易協定（NAFTA：North American Free Trade Agreemen）、環太平洋経済連携協定（TPP：Trans-Pacific Partnership Agreement）※※※などリージョナルなレベル、二国間のバイのレベルで（米中や日米、米欧など）同時進行していく。

　最も重要な問題は、相互依存のさらなる深化ないしグローバリゼーションの進展によって、"近代が終わりつつある"という問題提起がなされていることで

　　※　Susan Strange（1923～1998）。イギリスの国際政治経済学者。ウォーリック大学教授。
　　※※　Bernard "Bernie" Sanders（1941～　）。アメリカの政治家（上院議員）。2度にわたり民主党の大統領候補として立ち、若年層を中心に人気を得たが、撤退（2016年はヒラリー・クリントン。2020年はジョー・バイデンに敗れた）。
　　※※※　外務省Webサイトの表記では「環太平洋パートナーシップ」。

ある。「新自由主義」(⇒第10章・第3節)の規範に基づいた「ハイパー・グローバリゼーション」とも呼ぶべき国際経済の状況は、すでに2007年7月からのサブプライム金融危機と2008年9月15日のリーマン・ショックで、「100年に一度の金融危機」をもたらしている。

　たとえば、田中明彦は、21世紀の新しい国際システムは、グローバリゼーションのさらなる進展によって、"新しい中世" へと向かうのではないかと問題提起する。ただし、しばらくの間は、アメリカとヨーロッパ、日本の「新しい中世圏」と中国やロシアなどの「近代圏」、アフリカの破綻国家や内戦の国家から成る「混沌圏」の3つの「圏(スフィア)」に分かれるという。同じような議論として、21世紀の新しい国際システムは「無極」へ向かうとか、「Gゼロ※」の世界にすでになっているという問題提起もある。

第5節 国際政治の理論

◆◆ リアリズムとリベラリズムの二大潮流

　リアリズムとは、国際システムを構成する行為主体や単位(unit)を第一義的に主権国家に求め、無政府状態のシステム原理を重視する分析枠組みである。ここでは、国家としての"生き残り"、つまり国家安全保障が第一義的な価値として主権国家によって追求される。国際システムは、リアリズムにとって、"自助(self-help)"のシステムなのである。主権国家の政策手段として、軍事力の行使や戦争は、政治や政策の延長である。戦争は、「最後の手段」だけではなく、「最初の手段」としても行使されうる。

　ただし軍事面では、核兵器の存在から、大国間関係ではお互いに抑止(deterrence)が強く効くことを見逃さない。また、リアリズムは、古典的なアプローチでも、ネオリアリズムでも、国際協力の可能性については、懐疑的である。無政府状態に置かれた主権国家は、絶対的利得ではなく、相対的利得を重視する、と想定されるからである。リベラリズムと比較した場合、リアリズムは、対立的なイメージ、世界観、思想を土台としている。

　リアリズムは、国際システムの"時代によって変化しない"本質的な要素を切り取ろうとする。その思想的なルーツは、トゥーキュディデース※※※やマキャヴェリ(⇒第15章第2節)、

マキャヴェリ

※「G」は、「Group of Seven」(アメリカ、イギリス、フランス、ドイツ、日本、イタリア、カナダの7つの先進国)など、それ自体で先進国を指す。「G・ゼロ」は、先進国の影響力が失われた国際政治における空白を意味する。
※※ Thucydides (紀元前460頃〜紀元前395頃)。古代ギリシアの歴史家。著書に『戦史』。

ホッブズ（⇒第12章・第3節）、クラウゼヴィッツ※などである。

これに対してリベラリズム（liberalism）は、リアリズムのように、主権国家を統一的で合理的なアクターとしては捉えない。多元主義的なアプローチをとる。つまり、主権国家を政府と首脳だけでなく、官僚組織や議会、利益集団に加えて、市民社会やNGO、多国籍企業などトランスナショナル（transnational）な主体、マスメディアなどに"分解"して分析するのである。

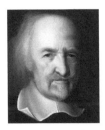

ホッブズ

また、マクロなレベルでは、国際システムを構成する主権国家だけではなく、国連など国際機関や、国際経済などの国際制度ないし国際レジーム（international regime）などの重要性を強調する（同盟でさえ、国際制度として捉える）。

クラウゼヴィッツ

またリベラリズムは、リアリズムと違い、伝統的な安全保障や軍事力の重要性は、かつてと比較すれば、相対的に重要性がより低下し、経済や環境、人権・民主化などの問題領域（issue area）の重要性が、より高まってきたことを強調する。そのためリベラリズムは、国際協力は可能である、と結論づける。こうしてリベラリズムは、国際システムの"時代によって変化している（変化してきた）"新しい要素を切り取ろうとする。

カント

ただし、リベラリズムの議論は、多種多様である。たとえば、政治的なレベルでは、民主主義国家が増えれば、戦争が起こる蓋然性（がいぜんせい）は、より低下するという「民主主義による平和（democratic peace）」の議論がある。経済的なレベルでも、国境を越えた相互依存が深化し、グローバリゼーションが進展すれば、やはり戦争が起こる蓋然性はより低下する、と想定する。また、国際秩序がより"制度化"されていけば、戦争が起こる蓋然性は、やはりより低下する、と想定される。話し合う機会が増え、信頼醸成措置が高まるからである。

いずれも、第一次世界大戦期のウィルソン（⇒本章・第3節）のリベラルな国際秩序構想（さらにはカント※※の政治思想）に思想的なルーツがある。政治的な民主化と相互依存の深化、国際秩序の制度化がそれぞれ進めば、戦争が起こる蓋然性は著しく低下するという「リベラル・ピース（liberal peace）」の議論も可能である。

冷戦後には、国連や市民社会のレベルなど国家以外のアクターの役割も重視して、国際レベルの秩序のあり方を規範的に論じるグローバル・ガヴァナンス（global governance）のアプローチも注目されてきた。

※　Carl Philipp Gottlieb von Clausewitz(1780〜1831)。プロイセン（後のドイツ帝国）の軍人。著書『戦争論』で有名。
※※　Immanuel Kant(1724〜1804)。プロイセン（後のドイツ帝国）の哲学者。『純粋理性批判』など形而上学的な大著のほか、国際政治を論じた『永遠平和のために』を著す。同書では日本の鎖国政策にも言及している。

◆◢ リアリズムとリベラリズム以外の理論

　リアリズムとリベラリズムの絶えざる論争からは一定
の距離をとったグローバリズムの理論がある。

マルクス

　思想的には、マルクス主義(⇒第3章・第3節)をグローバ
ルなレベルに適応した理論である。1960年代を中心に
まず「従属論」が国際経済の中心と周辺の構造的暴力
を問題視したが、革命を経ずに、「アジアNIEs(Newly
Industrializing Economies)が“離 陸”したことでその説明能
力が問われた。

　そのため、中心と周辺の間に「準中心」を想定した三
層構造のダイナミックな構造主義の議論を展開したのが、
ウォーラーステイン※の「世界システム論」であった。

グロティウス

中心の覇権国は100年のサイクルで交替し、中心・準中
心・周辺を構成する国家も、時代とともに変化すると想定
する。

　英国学派も、アメリカ中心の行動科学後の国際関係論
からは一定の距離を置いて、独自の議論を展開した。思想的には、「国際法・自
然法の父」と呼ばれたグロティウス(⇒第15章・第2節)にルーツがある。英国学派
は、ただ相互作用するだけの「国際システム」とは区別して、規範やアイディア、
アイデンティティを共有する「国際社会」を想定した。

　『国際社会論(*The Anarchical Society*, 1977)』で英国学派の流れを体系化したブル※※
は、国際社会の秩序を維持する制度として、勢力均衡や国際法だけでなく、大
国間政治や戦争も指摘した。

　コンストラクティヴィズム(構成主義)は、ネオリアリズムとネオリベラリズム
(新自由主義)の双方が、もっぱら合理的選択モデルに立脚しているために、
「冷戦の終結」(⇒第11章・第8節)という国際システム上の変化を説明できなかったこ
とを批判して、にわかに注目を集めた。

　コンストラクティヴィズムは、国際システム・レベルの構造とエージェン
ト、全体と個の間のリフレクティブな相互作用に注目し、国際システムの変化
を説明しうる。コンストラクティヴィズムは、ユニット間の「間主観性(inter-
subjectivity)」に注目する。歴史学への接近と見ることができる。ただし、既存の
理論を再構築する上では有益でも、実証研究に不向きであるという批判もある。

※　Immanuel Wallerstein (1930～2019)。アメリカの社会学者、歴史学者。ビンガムトン大学教授。著書は『近代世界シス
　　テム (*The Modern World-System*, 1974)』はじめ多くの邦訳がある。
※※　Hedley Bull(1932～1985)。オーストラリア出身の国際政治学者。オックスフォード大学教授。主著の邦訳名は『国際社会論』
　　だが、原題《*The Anarchical Society : A Study of World Politics*》を直訳すると、「無政府社会:国際政治の研究」となる。

第6節 冷戦後と21世紀の新しい理論動向

◆◆民主主義による平和、文明の衝突、グローバル・イシュー、グローバル・ガヴァナンス

　民主主義による平和はすでに見たが、冷戦の終結後に注目されて、冷戦後のクリントン※外交に、「関与と拡大（engagement and enlargement）」の国家安全保障戦略として反映されていった。「クリントン後」の大統領も、民主主義の促進に力を注いできた。

　冷戦後には、冷戦の箍（たが）が外れて、民族紛争や内戦が頻発（ひんぱつ）したため、内政不干渉（ふかんしょう）の原則を乗り越えて、「人道的介入」をするべきであるという議論が注目を集めた。すでに見た「新しい中世」の議論を借りれば、新しい中世圏の先進諸国が混沌圏の「破綻国家」に介入するべきか否かが、国際システム上の課題となりつつあるといえよう。

　ハンティントン※※の『文明の衝突（The Clash of Civilizations and the Remaking of World Order, 1996）』のテーゼは、9.11同時多発テロ（2001）攻撃後の21世紀の国際システムで、再び注目を集めている。9.11同時多発テロ攻撃は、テロリストの国際的なネットワークの脅威がドラスティックに示されたエピソードであった。

　気候変動（climate change）（地球温暖化）、エイズ（AIDS）※※※やその他の感染症※※※※、テロリズムの国際的なネットワーク、大量破壊兵器（WMD：weapons of mass destruction）の拡散、麻薬売買、人身売買などは、「グローバル・イシュー（global issue）（地球的な諸問題）」と呼ばれる。アメリカのような「唯一（ゆいいつ）の超大国」であっても、1つの国家では問題解決が不可能な地球規模の問題群を指す。

　こうした解決がきわめて困難な問題への対応能力をこれから高めていくためにも、「グローバル・ガヴァナンス」の名にふさわしい21世紀の新しい国際システムが構築されることが期待される。

[島村直幸]

※　アメリカの第42代大統領（在任は1993〜2001）。民主党。

※※　Samuel Phillips Huntington（1927〜2008）。アメリカの国際政治学者。

※※※　「Acquired immune deficiency syndrome」の略。「後天性免疫不全症候群」と訳される。HIVウイルス感染が原因。

※※※※　2019年、中国の武漢市で発生した新型コロナウイルスによる感染症（世界保健機関の命名は「COVID-19〔コビット・ナインティーン〕」）は、2020年には世界中に広がり、11月1日の時点で「世界の感染者は累計で4586万人を超えた。死者は119万人を上回る」（『日経ビジュアルデータ』10:46 最終更新：日本経済新聞）。また「最多の米国は900万人に達し」「英国でも累計感染者が100万人に到達したほか、日本は50カ国目の10万人台になった」（いずれも2020年11月1日時点）。

第15章

政治学の発展

第1節 古代・中世の政治学

◆━ 古代の政治学

　政治学は、最も古い学問の1つである。その成立は、今からおよそ2500年前の、古代ギリシアのプラトンやアリストテレスにまで、遡ることができる（⇒第4章・第1節）。

　19世紀までの政治学は、理念や規範の正しさを論じ、その実現を目指すものであった。その中でも、古代から中世にかけての政治学は、人間の倫理的な側面、すなわち、善い行ないや道徳性が政治に表れることを望むものであった。

　プラトンが理想とした支配者である「哲人王」は、哲学・倫理学を身につけ、徳性を備え、最善の判断を下すことのできる人物である。

プラトン

アリストテレスの政体論でも、君主制や貴族制における支配者はこうした素養を備えるべきものとして捉えられているし、市民全員が参加するポリテイア（Politeia）においてもそうである。

また、ポリスの政治に市民が参加するという行為の意義は、「共通善（common good）」のために献身するという各自の倫理的義務が果たされることにあったのである。

アリストテレス

◆◆ 中世の政治学

中世の政治学も、倫理にかなう人間の行為や、世界の秩序にあり方を論じるものだった。キリスト教神学の体系の中で行なわれ、アウグスティヌス[※]、トマス・アクィナス[※※]らが知られる。中世ヨーロッパの政治学は、神によって創（つく）られた存在の秩序の中に、「国家（キウィタス civitas）」という世俗的世界を限定的に位置づけるものであり、キリスト教神学の「侍女（じじょ）」という地位にあった。

このような中世の政治学を、いわば集大成したのが、アクィナスであった。アクィナスは、13世紀後半、大著『神学大全（Summa Theologica）』で、動植物から、人間、天使、神へと至る存在の段階的秩序を示した。この合理的秩序の一部である人間は、理性的で社会的な動物として家族をつくり、国家をつくる。国家は、共通善を目標とし、その実現のために存在するものとされた。

アウグスティヌス

そこでは、人間の理性の役割は、神の定めた合理的な世界秩序の体系を読み取り、受け入れることにあった。近代以降の合理主義は、人間世界における必要性を主として考慮するが、中世の合理主義はこれとは異なっている。

なお、キリスト教神学が抽象的な理論となっていたのに対し、アクィナスやオッカム[※※※]は、感覚的な理解や、より具体的・個別的・単純な事例を踏まえた説明を重視する経験主義（empiricism）的な思考様式も導入している。

トマス・アクィナス

※ Augustine（354〜430）。ローマ帝国のキリスト教神学者、哲学者。
※※ Thomas Aquinas（1225頃〜1274）。シチリア王国（後のイタリア）出身の神学者、哲学者。
※※※ William of Ockham（1285頃〜1347頃）。イギリス（イングランド出身）の神学者、哲学者。

第2節 近代の政治学

◆◆ ルネサンス期の変化

ルネサンス期^{Renaissance}に入ると、政治学は大きく変化していく。第一に、古代ギリシアでそうであったように、神学理論の世界からより独立したかたちで国家や人間の世界が論じられるようになる。さらに第二に、政治の世界において、通常の倫理や道徳とは異なる価値規範が存在することが、認められるようになった。

◆◆ 人間世界の自立 —— マキャヴェリ、ボーダン

マキャヴェリ[※]が『君主論（*The Prince*, 1532）』を著し、近代政治学の開祖といわれるようになったのは、彼が政治学的思考を神学から解放し、確固たる国家秩序を形成する必要を説き、現実的な政治認識や統治技術の研究に道を開いたからである（⇒第14章・第5節）。

政治の世界には、それ自身の法則性があり、自立的なものであると理解することが可能になった。これにより、独立の学問として政治学の地位が確立されるようになったといわれる。

次にボーダン（⇒第12章・第2節）が現れ、国家を、国家たらしめる標識として、「主権^{sovereignty}」という概念を初めて導入した。

ボーダン

◆◆ 近代自然法思想 —— グロティウス

神学世界から人間世界がより自立することを可能とした考え方として、近代自然法思想がある。自然法^{natural law}は古くからある概念で、伝統的な自然法では、時代によって変化する法律を超える永遠・普遍の法が自然法とされていた。

中世では、先に見たようなキリスト教の秩序体系を統括するものとされたが、近代になると、グロティウス^{※※}が、キリスト教神学の前提に依拠しない形で自然法理論を展開し、「自然法の父」と呼ばれた。宗教改革運動による紛争の結果、教会の権威や各地域における支配力が低下する中で可能となったものである（⇒第14章・第5節）。

グロティウス

※ Niccolò Machiavelli（1469～1527）。フィレンツェ共和国（後のイタリア）の外交官、政治思想家。
※※ Hugo Grotius（1583～1645）。オランダの法学者。

　グロティウスのような近代自然法理論では、自然法を論理的に引き出す際に、人間自体の普遍的な自然的本性を重視する。これによって、人間が理性をはたらかせて自然法を解釈する際の論理の中身に、人間世界にとっての必要性や、都合（つごう）が明示される可能性が高まる。

　近代自然法論者自身もキリスト教徒であるし、上記のような人間の権利や役割を「神」が認めている（「神」が認めているはずだ）とする理論なのだが、これが、人間が理性によって能動的に世界のあり方を計画することができるとする近代合理主義（rationalism）的な発想の土台となった。

　このような近代合理主義（rationalism）思想は、具体的・実験的な説明を好む経験主義（empiricism）思想とあわせて、自然現象を機械的に分析する自然科学の発展につながったと言われる。社会科学でも、人間やその体を物体として捉えようとするホッブズの自然法論に、典型的に現われている。そこでは、自然法の意味自体が、自然科学の「法則（law）」に近いものとなっている。

◆◆ 倫理理想からの解放 —— マキャヴェリ

マキャヴェリ

　こうしたルネサンス期以降の人間世界の自立化は、政治学を神学から独立させたのみならず、政治学のあり方自体を変えた。それまで、倫理・道徳と一致すべきとされてきた政治というものの捉え方が変わったのである。

　マキャヴェリが『君主論』で説いたのは、理想の君主像や統治方法であるが、それは彼が「キツネの知恵とライオンの見かけ」というように、狡猾（こうかつ）でも残忍でもよい、というものであった。それまでの倫理や道徳にとらわれない主張だったのである。政治思想が倫理思想から独立したといえる（⇒第14章第5節）。

　外国の侵入を防ぐため、また、混乱したイタリアの状況を克服するため、徹頭徹尾（てっとうてつび）、現実的な理論を展開したマキャヴェリは、第3節で見る、より科学的な現代政治学の時代になっても、「近代政治学の開祖」と言われ続けている。

　また、被統治者の側の自己抑制を前提としてきた君主制の捉え方も変わっていく。これは、キリスト教世界が多極化したことの副産物である。

　宗教改革は、官僚化・世俗化したカトリック（Catholic）教会に対して聖書原理主義者集団であるプロテスタント（Protestant）が異議申し立てをした運動であったが、その効果として、既存の支配者や価値秩序に対する批判の機会や、聖書の多様な解釈の道を開くこととなった。

　カトリック国のフランスでは、プロテスタントの一派であるユグノー（Hugenot）が、宗

教的寛容を求めていくなかで「暴君放伐論（モナルコマキ）」を主張した。これは、人民と君主の関係を契約関係と捉えて、君主が契約の目的に反する行動をした場合には暴君と見なし、契約を解除して追放してもよいとするものである。

　近代自然法思想もまた、同様の結果をもたらしている。中世の自然法思想も、初期のキリスト教の反体制的傾向や、のちに時々見られた教皇と君主の対立のように、既存の人間世界の秩序と対立する根拠となりうる。しかし、概して、既存の秩序の正当化のために用いられる傾向が強まっていった。

　これに対して、より世俗的で機械論的な近代の自然法思想は、時に、それまで当然視されてきた秩序と衝突しうる行為や世界認識を正当化し、市民革命の根拠ともなった。近代合理主義を背景とした自然科学研究も、キリスト教道徳や既成秩序と衝突する場面もあったが、発展を続けた。

◆▶ 自然権と市民革命 —— ホッブズ、ロック

　ホッブズ（⇒第12章・第3節）は、国家などによる外的強制が一切ない「自然状態」を想定し、人間は生まれながらにして、自己の理性と判断で、自己保存に適当と思われることは何をしてもよいという権利を持っているとして、それを「自然権」と呼んだ。

ホッブズ

　しかし、この「自己保存」の権利は、「万人の万人に対する闘争」「人間が人間に対して狼」である状態、つまり、戦争状態を招き、そこでは自己保存そのものが危うくなる。

　そこで、第三者を主権者とすることを想定して、その主権者に各人の自然権を譲渡することを人々がお互いに約束し、「国家（コモンウェルス）」を設立する。ホッブズは、これを社会契約と呼んだ。

　さらにロック（⇒第12章・第3節）は、自然状態でも人間は、お互いの生命や財産を尊重する自然法を守ろうとする、額に汗して働く勤勉で理性的な労働人であり、お互いに財貨を奪い合う必要もなく、平和な状態にあるとした。

ロック

　しかし、万が一なんらかの紛争が起きた時、それを解決し強制的に執行してくれる公権力がないのは不便だとも説いた。そのため、自然権としての広義の「所有物（生命・健康・身体・財産など）」を保障する目的から、人々が社会契約を結び、政治社会を設立する道筋を説いたのである。

　ロックは「自由」を、生命や健康と同様の意義を持つ所有物として位置づけ

ているが、これは画期的なことであった。また、統治者も社会契約の対象になり、国民が政府に対し国政を信託するかたちになっている。政府が所有権保障という目的を逸脱して権力を恣意的に行使する場合には、国民が抵抗権を持ち、政府の交代を求めうるということも明示されている。

ホッブズもロックも、統治を受ける側の自己保存の権利を国家の成立や存立の根拠とし、国家権力の正統性を社会契約に求めようとする。こうした発想は、統治を受ける側の自己抑制を前提としてきたそれまでの君主制論の枠組みを超えて、政治理論の発展を促した。

第3節 伝統的政治学から現代政治学へ

◆━ 伝統的政治学

このように政治学は、古代から近代まで変化してきた。人間世界の合理的批判精神を重視する近代思想は、のちに啓蒙思想と呼ばれるようになる。ただ、古代からこの時期までの政治学は、現実政治の動きやその因果関係を科学的に分析するよりも、思想として理想的政治の姿を描き、それがなぜ正しいと言えるのかを論証したり、それに基づいて制度を工夫しようとするものである。

近代国家においては、政治学の主流は制度の研究となり、法学的な性格を濃くしていった。また、こうした古代から近代までの政治学は、もっぱら統治機構のあり方に注目する側面が強かった。

今日、政治哲学、政治思想史、政治史、外交史、国際政治史、法政治学などと呼ばれている研究領域は、古くからの政治学の伝統を多く引き継いでおり、一般に伝統的政治学と総称される。

◆━ 現代政治学

19世紀末になると、これらとは大きく異なるアプローチが登場する。政治現象の因果関係の分析に主として焦点を当てる現代政治学である。またそれは、国家機構以外の領域を広く研究対象としようとする。当時の社会学における実証主義の影響を受けている。

現代政治学は、伝統的政治学への強い不満から始まった。次項で述べるベントレー（⇒第9章・第4節）は、統治制度の形式的な研究に終始していると見なした伝統的政治学を「死せる政治学」と呼んで批判している。

現代政治学にも多くの潮流があるが、一般に次のような点で特徴づけられる。

①「科学」としての政治学を目指す。規範的理論と実証的理論は、明確に区別されなければならず、価値判断と実証的説明を混同してはならないと説く。

②現実政治の現象の因果関係を実証的方法で分析しようとする。理論は、本当にその通りなのかどうか、他の人が観察したり、実験できるような形になっていなければならない。また、法則性を発見するため、生のデータ収集を重視する。

③価値中立的、自然科学的な方法で政治行動を観察、記録、分析する。数量化が可能なものは数量化する。

④事例研究を理論と関連付けて体系的に行なう。イーストン（⇒次ページ）は、理論に導かれない研究は無益であり、データに支えられない理論は不毛である、と説いている。

⑤数学、統計学、社会学、社会心理学、文化人類学、地理学など、隣接する諸科学と目される分野との関係を重視する。すなわち、こうした諸科学の観察・分析方法を導入するとともに、研究対象領域を広げる。伝統的政治学の場合は、哲学、思想史、歴史学、法学などとの関係が深かった。

　なお、こうした現代政治学の動きは、伝統的政治学の各分野にも影響を与えた。政治哲学にも政治学にも、実際の社会の構造や因果関係の説明を重視するものが多く登場しているし、また、概して国家権力や統治機構以外の領域に、より注目するようになっている。

第15章

◆◆現代政治学の先駆者① —— ウォーラスとベントレー

　初期の現代政治学の潮流は、期せずして1908年にそれぞれ出版された2冊の本によって強められた。

　1つは、イギリスのウォーラス※の『政治における人間性』である。これは、期待された（男性）普通選挙権の実現が、必ずしも理想的な政治の実現につながらなかったとの反省から執筆された。

　ウォーラスは、従来の政治学が、人間性を十分に捉えないまま国家の制度論を展開してきたことを批判し、人間心理の非論理的な要素も含めて政治を分析すべきだとした。そして、政治研究に心理学的なアプローチを導入し、政治心理学や政治行動論の先駆けとなった。

　政治行動論とは、政治現象を個々の人間行動という単位から捉えようとする方法で、ミクロ政治学とも呼ばれ

ウォーラス

※ Graham Wallas（1858〜1932）。イギリスの政治学者。ロンドン大学教授。

る。政治行動を、個人のパーソナリティ、イデオロギー、価値観、態度などの観察を基礎に分析する。集団レベルでは、政治文化や世論が研究対象となる。政治的社会化や投票行動なども含まれる。

もう1つは、アメリカのベントレーが執筆した『統 治 の 過 程 』である。政治の現実を、社会における諸集団間の対立と相互作用、そして政府がそれを調整する過程として捉えようとする。政治研究に観察的・実証的な視角を導入し、ここから政治過程論が始まった。政治過程論は、トルーマンによってさらに発展させられた（⇒第9章・第4節）。

公共問題をめぐる利害の対立、調整、合意形成を分析し、多様な個人や集団を研究対象とする分析視角は、多 元 主 義 ともいわれる。圧力団体、政党、選挙、立法・執行（行政）・司法過程などが分析対象とされる（⇒第9章・第5節）。

◆━◆ 現代政治学の先駆者② ── メリアムと行動科学

メリアム

現代政治学は、1920年からアメリカで急速に発展していく。中心となったのはシカゴ大学で、メリアム※が創始者とされる。メリアム自身も、投票行動分析の先駆けとして知られるほか、棄権の研究を通じて棄権防止のための方策などを提言している。

シカゴ大学の教員や出身者には、その後も、次々と著名な現代政治学者が登場する。人間や集団の行動に焦点を当てて分析する行 動 科 学 の手法をとるその学問上の立場は、行動科学的政治学とか、行 動 論 的政治学と呼ばれている。権力や政治的態度の研究で知られるラスウェル（⇒第2章・第3節）、政治過程論のトルーマン（⇒第8章・第4節）、圧力団体研究や政党研究で知られるキー※※、政治体系論のイーストン（⇒第2章・第1節）、政治文化論のアーモンド（⇒第2章・第5節）らは同大学の関係者である。他大学では、多元主義的民主主義研究のダール（⇒第13章・第4節）が有名である。

第二次大戦後になると、行動科学的政治学の潮流は一層強まり、政治学における「行 動 論 革 命 」と呼ばれるほどになる。心理学的研究についても、より実証的な観察方法が求められるようになっていった。

◆━◆ イーストンの政治体系論

著名な現代政治学の理論に、イーストンの政 治 体 系 論がある。これは、初期の行動科学的政治学の反省に立つものである。初期には、現象を実証するにあたって、より容易に観察できる個別の経験的事実を重視し、理論的枠組み

※ Charles E. Merriam（1874～1953）。アメリカの政治学者。シカゴ大学教授。
※※ Valdimer O. Key（1908～1963）。アメリカの政治学者。ハーバード大学教授。

[図表15-1] イーストンの政治体系

```
環境
        ┌────────────────────────────────────────────┐
        │      要求    ┌──────────┐                    │
        │  ┌────┐ ───→ │          │    政策   ┌────┐   │
        │  │入力│      │ 政治体系 │ ────→    │出力│   │
        │  └────┘ ───→ │          │          └────┘   │
        │  ↑   支持    └──────────┘             │      │
        │  └──────────────────────────────────┘      │
        │                  フィードバック             │
        └────────────────────────────────────────────┘
```

〔出典〕イーストン『政治分析の基礎』みすず書房、1968年、p.130を参考に作成。

を考えない素朴な経験主義に陥る傾向が見られた。しかし、イーストンは、それでは政治学の発展が期待できないとし、経験的データを位置づけ、解釈し得る一般的な理論の必要性を強調した。理論と分析・検証の技術が一体となってはじめて、政治学が発展できると主張したのである。

　イーストンは、政治現象一般を捉える枠組みとして、政治体系論を提示した（図表15-1）。政治体系は、環境（国民や外部）からの要求という入力（input）を受け取ると、それに対応して政策を決定し、環境に出力（output）する。政策が国民の要求に合致していれば支持となり、そうでない場合には、再び要求として入力される。そこでは、支持が得られるように政策が修正されるが、それをフィードバック（feedback）といい、それにより政治体系の調整が図られる。政治体系の存続はこのような過程を通じてなされるという。

　アーモンドの政治文化論（⇒第2章・第5節）も、イーストンとはやや異なる立場からの政治体系論である。発展途上国なども対象としてさまざまな政治社会を比較するため、入力や出力に関心のない人々についても、想定している。政治体系の構造だけでなく、その変動や発展もうまく分析できるように考えられたモデルである。構造・機能主義（structural functionalism）による政治体系論と呼ばれる。

科学とコミュニケーションの理論

　以上のように、行動科学的政治学は多様な発展を見せたが、数学や経済学からの刺激も重要な役割を果たしてきた。

　ドイッチュ[※]は、数学者ウィーナー[※※]が提唱したサイバネティクス（Cybernetics）を政治学に導入した。サイバネティクスとは、制御と通信を体系的に説明する理論である。ドイッチュは、政治システムが周囲からフィードバック情報を受け取り、行動を軌道修正していくという観点から政治を分析した。

ウィーナー

※ Karl W. Deutsch（1912～1992）。プラハ出身（ドイツ人）の政治学者。ハーバード大学教授。
※※ Norbert Wiener（1894～1964）。アメリカの数学者。マサチューセッツ工科大学教授。

◆◆ 数理経済学と公共選択論

　また、経済学者アロー※の『社会的選択と個人的価値(*Social Choice and Individual Values*, 1951)』、ダウンズ※※の『民主主義の経済理論(*An Economic Theory of Democracy*, 1957)』、ブキャナン※※※とタロック※※※※の『合意の数理分析(*The Calculus of Consent*, 1962)』、オルソン※※※※※の『集合行為の論理(*The Logic of Collective Action*, 1965)』などは、政治行動を数理的なモデルで説明しようとする動きであった。

　経済主体の合理的行動を分析する理論（合理的選択論 rational choice）に準じた形で有権者や政党の行動を分析する手法を、公共選択論 public choice という。その後もきわめて抽象度の高い数理的政治学の研究が進められている。

　ダウンズは、有権者が、どの政党に投票すれば、自分の考えや利益から判断して最も得か（効用が大きいか）を考えて投票するものと想定する。そして、政党・候補者も、世論の分布状況から判断して、より多くの票を獲得できるよう立場を変えていくものとする。たとえば、中道的な有権者の多い国で、左派・右派、両派の候補者二人が争っている場合、どちらも票を求めて中道寄りになるという（中位投票者定理 median voter theorem）。

　一方、オルソンは、個人が集団の中で行動する場合の損得の問題を論じた。たとえば、労働組合の活動によって賃上げが実現されると、組合に加入してもいなくても、非組合員も含めて賃金が上がることが通例である。その場合には、組合費も負担せず、活動もしない人が出てくる。費用も労力も負担せず、サービスだけを受ける「ただ乗り」である。そのような個人や集団を「フリーライダー free rider」というが、その発生メカニズムを明らかにしたのである。

　しかし、誰もがフリーライダーになると、結局はサービスそのものがいずれ提供されなくなる。オルソンはそのような問題を巧みに論じた。

第4節 現代政治学の展開と再編

◆◆ 脱行動論と規範理論の再興

　行動科学的政治学は、政治学会で次第に主導権を確立していったが、それにつれて学会内部から厳しい批判も出されるようになった。1960年代には、それが顕著になる。脱行動論 post-behaviorism という。脱行動科学革命、

※ Kenneth J. Arrow (1921～2017)。アメリカの経済学者。スタンフォード大学の名誉教授。ノーベル経済学賞受賞者。
※※ Anthony Downs (1930～)。アメリカの経済学者。ブルッキングス研究所上級研究員。
※※※ James M. Buchanan (1919～2013)。アメリカの経済学者。ジョージ・メイソン大学教授。ノーベル経済学賞受賞者。
※※※※ Gordon Tullock (1919～2013)。アメリカの経済学者。ジョージ・メイソン大学教授。
※※※※※ Mancur Olson (1932～1998)。アメリカの経済学者、社会科学者。メリーランド大学カレッジパーク校教授。

脱 行 動 論 革 命 などともいわれる。

そこでなされた批判は、現状分析を主とする行動科学的な方法だけでは、研究の目的が不明であり、さらには、現在の体制の擁護につながりやすいというものであった。科学的な手法をなんのために用いるのか、研究者の価値規範が再び問われるようになったのである。

そもそも、価値中立的な現象分析を行なうという科学的な政治学の立場自体が、イギリスの功利主義思想やアメリカのプラグマティズム思想の影響を受けたものであり、それは、既存の宗教道徳からの解放を目指すという価値を帯びていた。反対に現代では、価値中立に注力するあまり、事実上の現状維持という価値判断が、しかも無自覚になされることがある。

このような現状分析の限界を自覚して、市民や社会の要請に応える意味のある学問を目指そうという動きが、一部に出てきた。行動科学を支える方法に対する批判は、行動科学が排除していた、価値判断を含む伝統的な政治研究の蘇生を、促しさえした。哲学の分野において顕著であり、現代政治理論と呼ばれる。ロールズの『正義論』や、その後のリベラル－コミュニタリアン論争が代表的である（⇒第3章・第4節）。

イーストンなど、行動科学的政治学者の中にも、脱行動論主義による批判を受け止め、研究姿勢を再検討する学者も現われた。現在は、このような批判を意識した上で、実証的政治学が発展していると見てよいだろう。量的研究と同様に質的研究※が重視されるようになったし、また、数理経済学的な研究者であっても、個人の自由な選択に基づく市場社会を擁護しようとしたり、逆に個人の選択に任せることの落とし穴を指摘したりと、規範的な観点からの問題意識を表明しながら研究をするようになっている。

現代政治学における伝統的機構

また、現代の科学的政治学では、国家や制度などの影響が、より考慮されるようになっている。20世紀後半以降、国家機構内のエリートの自律性に注目する研究が多くなされるようになった。

さらに、国家機構の内外いずれの領域の人間行動を分析するにあたっても、その行為者が制度によって拘束されていることが重視されるようになった。新制度論と呼ばれる。たとえば、合理的選択論を基本としながらも、ルールとしての制度の影響力を考慮に入れるものがある。また、制度の歴史的文脈や、それが行為者の判断基準に与える影響を重視するものもある。

[吉田龍太郎]

※「quantitative research」は「定量的研究」、「qualitative research」は「定性的研究」ともいう。

主要参考文献

◆ 全体に関わるもの

阿部齊・内田満・高柳先男編『現代政治学小辞典〔新版〕』有斐閣、1999年

猪口孝・大澤真幸・岡沢憲芙・山本吉宣・S.R.リード編『縮刷版 政治学事典』弘文堂、2004年

内田満・内山秀夫・河中二講・武者小路公秀編『現代政治学の基礎知識』有斐閣、1978年

加藤秀治郎ほか『新版 政治学の基礎』一藝社、2002年

堀江湛・加藤秀治郎編『政治学小辞典』一藝社、2019年

堀江湛編『政治学・行政学の基礎知識〔第3版〕』一藝社、2014年

◆ 第1章

飯坂良明・井出嘉憲・中村菊男『現代の政治学』学陽書房、1972年

加藤秀治郎『政治学』芦書房、2005年

堀江湛・加藤秀治郎『政治学入門』一藝社、2019年

◆ 第2章

井田正道『政治社会意識の現在──自民党一党優位の終焉と格差社会』北樹出版、2008年

加藤秀治郎『日本政治の座標軸──小選挙区導入以後の政治課題』一藝社、2005年

蒲島郁夫・竹中佳彦『イデオロギー』東京大学出版会、2012年

加茂利男・大西仁・石田徹・伊藤恭彦『現代政治学〔第4版〕』有斐閣、2012年

小林良彰編『日本における有権者意識の動態』慶應義塾大学出版会、2005年

玉井清編『戦時日本の国民意識──国策グラフ誌『写真週報』とその時代』慶應義塾大学出版会、2008年

古田雅雄『現代政治イデオロギー序説──現代政治をどのように理解すればよいのか』晃洋書房、2015年

H.アーレント（大久保和郎訳）『新版 全体主義の起原』(全3巻)みすず書房、2017年（原著は1951年）

R.パットナム（柴内康文訳）『孤独なボウリング──米国コミュニティの崩壊と再生』柏書房、2006年
　（原著は2000年）

F.フクヤマ（山田文訳）『IDENTITY（アイデンティティ）──尊厳の欲求と憤りの政治』朝日新聞出版、
　2019年（原著は2018年）

E.フロム（日高六郎訳）『自由からの逃走』東京創元社、1952年（原著は1941）

◆ 第3章

大塚健洋編『近代日本政治思想史入門──原典で学ぶ19の思想』ミネルヴァ書房、1999年

川崎修・杉田敦編『現代政治理論〔新版〕』有斐閣、2012年

坂本達哉『社会思想の歴史──マキアヴェリからロールズまで』名古屋大学出版会、2014年

季武嘉也・武田知己編『日本政党史』吉川弘文館、2011年

田村哲樹・松元雅和・乙部延剛・山崎望『ここから始める政治理論』有斐閣、2017年

三宅昭良『アメリカンファシズム──ロングとローズヴェルト』講談社、1997年

R.カーク（会田弘継訳）『保守主義の精神』中央公論新社、2018年（原著は1953年）

J.グレイ（松野弘訳）『自由主義の二つの顔──価値多元主義と共生の政治哲学』ミネルヴァ書房、
　2006年（原著は2000年）

D.ハーヴェイ『新自由主義──その歴史的展開と現在』作品社、2007年（原著は2007年）

I. バーリン『自由論』みすず書房、2018年（原著は1969年）

L. Holmes, *Communism : A Very Short Introduction*, Oxford University Press, 2009.

M. Newman, *Socialism : A Very Short Introduction*, Oxford University Press, 2005.

◆第4章

市川房枝記念会女性と政治センター編『女性参政70周年記念 女性と政治資料集』市川房枝記念会
　　女性と政治センター出版部、2018年

川崎修・杉田敦編『現代政治理論〔新版〕』有斐閣、2012年

清水唯一朗・瀧井一博・村井良太『日本政治史』有斐閣、2020年

曽根泰教・柳瀬昇・上木原弘修・島田圭介『「学ぶ、考える、話しあう」討論型世論調査――議論
　　の新しい仕組み』木楽舎、2013年

田村哲樹・松元雅和・乙部延剛・山崎望『ここから始める政治理論』有斐閣、2017年

B. クリック（添谷育志・金田耕一訳）『デモクラシー』岩波書店、2004年（原著は2003年）

W. バジョット（小松春雄訳）『イギリス憲政論』中央公論新社、2011年（原著は1867年）

C. ペイトマン（寄本勝美訳）『参加と民主主義理論』早稲田大学出版部、1977年（原著は1970年）

J. S. ミル（関口正司訳）『代議制統治論』岩波書店、2019年（原著は1861年）

C. ムフ（酒井隆史・篠原雅武訳）『政治的なものについて』明石書店、2008年（原著は2005年）

C. Harvie and C. Matthew, *Nineteenth-century Britain : A Very Short Introduction*, Oxford
　　University Press, 2000.

◆第5章

甲斐祥子・宮田智之『政治学のナビゲーター』北樹出版、2018年

加藤秀治郎『政治学入門』芦書房、1987年

加藤秀治郎『政治学』芦書房、2005年

野村敬造『フランス憲法・行政法概論』有信堂、1962年

Great Britain. Cabinet Office, *Modernising Parliament: Reforming the House of Lords*
　　(Command Paper 4183), London : Stationery Office, 1999.

James Bryce, *Modern Democracies, vol.2,* The Macmillan Company, 1921.

Meg Russell, *Reforming the House of Lords: Lessons from Overseas*, Oxford University Press, 2000.

◆第6章

大山耕輔監修、笠原英彦・桑原英明編著『公共政策の歴史と理論』ミネルヴァ書房、2013年

笠原英彦・桑原英明編著『日本行政の歴史と理論』芦書房、2004年

笠原英彦・桑原英明編著『日本の政治と行政』芦書房、2015年

増田正『現代フランスの政治と選挙』芦書房、2001年

◆第7章

阿部齊・久保文明・川出良枝『政治学入門』放送大学教育振興会、1996年

久米郁男・川出良枝・古城佳子・田中愛治・真渕勝『政治学〔補訂版〕』有斐閣、2011年

大学教育社編集『現代政治学事典』ブレーン出版、1998年

G.サルトーリ（岡沢憲芙・川野秀之訳）『現代政党学——政党システム論の分析枠組み〔普及版〕』
　　早稲田大学出版部、2009年
菊地直己「田中角栄が示した首相の条件、今は昔　ポスト安倍の行方」『朝日新聞デジタル』
　　2019年9月11日付　（https://www.asahi.com/articles/ASM9B6427M9BUTFK02F.html）

◆ 第8章
[1〜4節]
阿部齋・久保文明・川出良枝『政治学入門』放送大学教育振興会、1996年
久米郁男・川出良枝・古城佳子・田中愛治・真渕勝『政治学〔補訂版〕』有斐閣、2011年
大学教育社編集『現代政治学事典』ブレーン出版、1998年
「選挙の仕組み」総務省Webページ
　　（https://www.soumu.go.jp/senkyo/senkyo_s/naruhodo/naruhodo03.html）
各国基礎データ「国・地域」外務省Webページ
　　（https://www.mofa.go.jp/mofaj/area/index.html）
[5〜7節]
大山耕輔監修、笠原英彦・桑原英明編著『公共政策の歴史と理論』ミネルヴァ書房、2013年
笠原英彦・桑原英明編著『日本行政の歴史と理論』芦書房、2004年
笠原英彦・桑原英明編著『日本の政治と行政』芦書房、2015年
増田正『現代フランスの政治と選挙』芦書房、2001年

◆ 第9章
阿部齋『政治学入門』岩波書店、1996年
石川真澄・曽根泰教・田中善一郎『現代政治キーワード』有斐閣、1989年
内田満・内山秀夫・河中二講・武者小路公秀編『現代政治学の基礎知識』有斐閣、1975年
小尾敏夫『ロビイスト——アメリカ政治を動かすもの』講談社、1991年
久米郁男・川出良枝・古城佳子・田中愛治・真渕勝『政治学〔補訂版〕』有斐閣、2011年
佐々木毅『政治学講義〔第2版〕』東京大学出版会、1999年
島村直幸『〈抑制と均衡〉のアメリカ政治外交——歴史・構造・プロセス』ミネルヴァ書房、2018年
大学教育社編集『現代政治学事典』ブレーン出版、1998年
辻中豊『利益集団』東京大学出版会、1988年

◆ 第10章
[1〜6節]
大住荘四郎『NPMによる行政革命——経営改革モデルの構築と実践』日本評論社、2003年
大山耕輔監修、笠原英彦・桑原英明編著『公共政策の歴史と理論』ミネルヴァ書房、2013年
笠原英彦・桑原英明編著『日本行政の歴史と理論』芦書房、2004年
笠原英彦・桑原英明編著『日本の政治と行政』芦書房、2015年
増田正『現代フランスの政治と選挙』芦書房、2001年
D.オズボーン、T.ゲーブラー（野村隆監修、高地高司訳）『行政革命』日本能率協会マネジメント
　　センター、1994年

[7、8節]

阿部齋・久保文明・川出良枝『政治学入門』放送大学教育振興会、1996年

久米郁男・川出良枝・古城佳子・田中愛治・真渕勝『政治学〔補訂版〕』有斐閣、2011年

大学教育社編集『現代政治学事典』ブレーン出版、1998年

坂野潤治『明治憲法体制の確立──富国強兵と民力休養』東京大学出版会、1998年

『都筑馨六関係文書』(「305-著作:14.貴族院ノ諸公ニ告ク」)国立国会図書館憲政資料室所蔵

人事院Webサイト（https://www.jinji.go.jp/）

◆第11章

阿部斉『概説 現代政治の理論』東京大学出版会、1991年

蒲島郁夫『政治参加』東京大学出版会、1988年

久米郁男・川出良枝・古城佳子・田中愛治・真渕勝『政治学〔補訂版〕』有斐閣、2011年

島村直幸『〈抑制と均衡〉のアメリカ政治外交──歴史・構造・プロセス』ミネルヴァ書房、2018年

島村直幸『国際政治の〈変化〉を見る眼──理論・歴史・現状』晃洋書房、2019年

大学教育社編集『現代政治学事典』ブレーン出版、1998年

高畠通敏・関寛治編『政治学』有斐閣、1978年

堀江湛・岡沢憲芙編『現代政治学〔第2版〕』法学書院、2002年

山田真裕『政治参加と民主政治（シリーズ日本の政治4）』東京大学出版会、2016年

H.アーレント（大久保和郎訳）『新版 全体主義の起原』（全3巻）みすず書房、2017年（原著は1951年）

E.フロム（日高六郎訳）『自由からの逃走』東京創元社、1952年（原著は1941年）

◆第12章

加藤秀治郎『政治学』芦書房、2005年

中村菊男『政治学の基礎』有信堂、1967年

矢部貞治『政治学入門』講談社、1977年

ホッブズ（水田洋訳）『リヴァイアサン』（〔改訳〕全4巻）岩波書店、1992年

ルソー（桑原武夫・前川貞次郎訳）『社会契約論』岩波書店、1954年

ロック（加藤節訳）『完訳 統治二論』岩波書店、2010年

◆第13章

池谷知明・河崎健・加藤秀治郎編『新・西欧比較政治』一藝社、2015年

岩崎美紀子『比較政治学』岩波書店、2005年

粕谷祐子『比較政治学』ミネルヴァ書房、2014年

新川敏光・井戸正伸・宮本太郎・真柄秀子『比較政治経済学』有斐閣、2004年

田口富久治・中谷義和編『比較政治制度論』法律文化社、2006年

富田広士・横手慎二編『地域研究と現代の国家』慶應義塾大学出版会、1998年

中村勝範編『主要国政治システム概論〔改訂版〕』慶應義塾大学出版会、2005年

A.レイプハルト『民主主義対民主主義──多数決型とコンセンサス型の36ヶ国比較研究〔原著第2版〕』勁草書房、2014年（原著は1999年、第2版2012年）

◆第14章

久米郁男・川出良枝・古城佳子・田中愛治・真渕勝『政治学〔補訂版〕』有斐閣、2011年

苅部直・宇野重規・中本義彦編『政治学をつかむ』有斐閣、2011年

君塚直隆『近代ヨーロッパ国際政治史』有斐閣、2010年

高坂正堯『国際政治——恐怖と希望』中央公論新社、1966年

島村直幸『国際政治の〈変化〉を見る眼——理論・歴史・現状』晃洋書房、2019年

新川敏光・大西裕・大矢根聡・田村哲樹『政治学』有斐閣、2017年

大学教育社編集『現代政治学事典』ブレーン出版、1998年

田中明彦『新しい「中世」——21世紀の世界システム』日本経済新聞社、1996年

中西寛『国際政治とは何か——地球社会における人間と秩序』中央公論新社、2003年

中西寛・石田淳・田所昌幸『国際政治学』有斐閣、2013年

藤原帰一『国際政治』放送大学教育振興会、2007年

細谷雄一『国際秩序——18世紀ヨーロッパから21世紀アジアへ』中央公論新社、2012年

E.H.カー（原彬久訳）『危機の二十年——理想と現実』岩波書店、2011年（原著は1939年）

J.S.ナイ、D.A.ウェルチ（田中明彦・村田晃嗣訳）『国際紛争——理論と歴史〔原書第10版〕』有斐閣、2017年（原著は2016年）

H.R.ナウ（村田晃嗣・石川卓・島村直幸・高橋杉雄訳）『アメリカの対外関与——アイデンティティとパワー』有斐閣、2005年（原著は2002年）

H.ブル（臼杵英一訳）『国際社会論——アナーキカル・ソサイエティ』岩波書店、2000年（原著は1977年）

H.モーゲンソー（原彬久訳）『国際政治——権力と平和』岩波書店、2013年（原著は1948年）

◆第15章

伊藤隆『歴史と私——史料と歩んだ歴史家の回想』中央公論新社、2015年

加藤淳子・境家史郎・山本健太郎編『政治学の方法』有斐閣、2014年

河田潤一・荒木義修編『ハンドブック 政治心理学』北樹出版、2003年

川野辺裕幸・中村まづる編『テキストブック 公共選択』勁草書房、2013年

小林良彰『公共選択』東京大学出版会、1988年

将基面貴巳『政治診断学への招待』講談社、2006年

堤林剣『政治思想史入門』慶應義塾大学出版会、2016年

萩原能久・河野武司・根岸毅・向山恭一・田中宏『国家の解剖学——政治学の基礎認識』日本評論社、1994年

G.キング・R.O.コヘイン・S.ヴァーバ（真渕勝監訳）『社会科学のリサーチデザイン——定性的研究における科学的推論』勁草書房、2004年（原著は1994年）

B.クリック（添谷育志・金田耕一訳）『現代政治学入門』講談社、2003年（原著は1987年）

P.ピアソン（粕谷祐子訳）『ポリティクスインタイム——歴史・制度・社会分析』勁草書房、2010年（原著は2004年）

〔注〕重要な用語・語句・人名などを50音順（アルファベットはローマ字読みで50音順）に掲載しました。

166

《執筆者紹介》（順不同）

増田　正（ますだ・ただし）　[第6・第8・第10章担当]
　　　　1967年生まれ
　　　　明治大学政治経済学部政治学科卒業
　　　　慶應義塾大学大学院法学研究科博士課程修了、博士（法学）
　　　　現在　高崎経済大学地域政策学部教授
　　　　専攻　政治学、投票行動、地方政治
　　　　著書・論文
　　　　　　『現代フランスの政治と選挙』（芦書房、2001年）
　　　　　　『地域政策学事典』（共編：勁草書房、2011年）
　　　　　　『大学と連携した地域再生戦略』（共編：ぎょうせい、2007年）
　　　　　　『地方自治の基礎』（共著：一藝社、2017年）ほか多数

丹羽　文生（にわ・ふみお）　[第1・第5・第12章担当]
　　　　1979年生まれ
　　　　東海大学大学院政治学研究科博士課程後期単位取得満期退学、博士（安全保障）
　　　　現在　拓殖大学海外事情研究所教授
　　　　専攻　政治学、日本外交史
　　　　著書・論文
　　　　　　『「日中問題」という「国内問題」——戦後日本外交と中国・台湾』（一藝社、2018年）
　　　　　　『保守合同の政治力学』（共著：青山社、2009年）
　　　　　　『民主党政権論』（共著：学文社、2012年）
　　　　　　『第2次安倍内閣——発足と課題』（共著：志學社、2014年）ほか多数

半田　英俊（はんだ・ひでとし）　[第7・第8・第10章担当]
　　　　1974年生まれ
　　　　慶應義塾大学法学部政治学科卒業
　　　　杏林大学大学院国際協力研究科博士課程単位取得退学、博士（学術）
　　　　現在　杏林大学総合政策学部准教授
　　　　専攻　政治学、近代および現代日本政治史
　　　　著書・論文
　　　　　　堀江湛・加藤秀治郎編『日本の統治システム』（共著：慈学社、2008年）
　　　　　　堀江湛・加藤秀治郎編『政治学小辞典』（共著：一藝社、2019年）
　　　　　　「井上財政の終焉」（『杏林社会科学研究』第30巻 第4号、2015年）
　　　　　　「西園寺公望とオーストリア特命全権公使」（『杏林社会科学研究』第35巻第2号、2019年）など

島村 直幸（しまむら・なおゆき）［第9・第11・第14章担当］
　　1970年生まれ
　　獨協大学外国語学部英語学科卒業
　　一橋大学大学大学院法学研究科博士後期課程満期退学、博士（法学）
　　現在　杏林大学総合政策学部准教授
　　専攻　政治学、アメリカ政治外交史、国際関係論
　　著書・論文
　　　『国際政治の〈変化〉を見る眼──理論・歴史・現状』（晃洋書房、2019年）
　　　『〈抑制と均衡〉のアメリカ政治外交──歴史・構造・プロセス』（ミネルヴァ書房、2018年）
　　　『帝国の遺産と現代国際関係』（共著：勁草書房、2017年）
　　　『イギリスとアメリカ──世界秩序を築いた四百年』（共著：勁草書房、2016年）など

吉田 龍太郎（よしだ・りゅうたろう）［第2・第3・第4・第13・第15章担当］
　　1985年生まれ
　　慶應義塾大学法学部法律学科・同政治学科卒業
　　慶應義塾大学大学院法学研究科後期博士課程単位取得、博士（法学）
　　現在　亜細亜大学非常勤講師、慶應義塾大学SFC研究所上席所員
　　専攻　政治学、近現代日本政治史・言論史
　　著書・論文
　　　『井出一太郎回顧録』（共編著、吉田書店、2018年）
　　　「保守合同後の政党政治と外交政策論争」（『法政論叢』第51巻第1号、2014年）
　　　「芦田均の共産主義認識」（『法政論叢』第53巻第1号、2017年）
　　　"The Unfixed Border between the Socialists and the Conservatives in the 1950s"
　　　（『Japanese Review of Political Society』第6号、2020年）など

加藤 秀治郎（かとう・しゅうじろう）［第1章部分担当］
　　1949年生まれ
　　慶應義塾大学法学部政治学科卒業
　　慶應義塾大学大学院法学研究科博士課程修了、博士（法学）
　　現在　東洋大学名誉教授
　　専攻　比較政治学、政治社会学
　　著書・論文
　　　『日本の選挙──何を変えれば政治が変わるのか』（中央公論新社、2003年）
　　　『政治学』（芦書房、2005年）
　　　『クラウゼヴィッツ語録──「戦争論」のエッセンス』（一藝社、2017年）
　　　『政治社会学』（共編：一藝社、2004年）
　　　『政治学小辞典』（共編：一藝社、2019年）ほか多数

装丁 ── アトリエ・タビト

編集協力 ── 長谷川正和

政治学入門

2020年12月10日　　初版第1刷発行
2021年4月20日　　初版第2刷発行

著　者　増田　　正
　　　　丹羽文生
　　　　半田英俊
　　　　島村直幸
　　　　吉田龍太郎
　　　　加藤秀治郎

発行者　　菊池 公男
発行所　　　株式会社 一藝社
　　　　　　〒160-0014 東京都新宿区内藤町1 - 6
　　　　　　TEL.03-5312-8890
　　　　　　FAX.03-5312-8895
　　　　　　振替　東京　00180-5-350802
　　　　　　e-mail:info@ichigeisha.co.jp
　　　　　　website://www.ichigeisha.co.jp

印刷・製本　　亜細亜印刷株式会社

一藝社の本

政治社会学 ［第5版］

加藤秀治郎・岩渕美克◆編

「政治社会学」は政治学と社会学の境界領域に位置し、政治不信の続く現代の状況を解明するものとして期待されている。複雑化する現代政治を解明するためには、政治と社会の関係を見直すことが不可欠であり、その上でさまざまな事象を分析していかなくてはならないのである。

第5版では、新たに重要な論文、サルトーリの「選挙制度の作用」とポパーの「民主制の理論について」を収録し、さらに充実した内容となった。

[目次]
第1部 政治社会学の基礎
第1章 政治と社会／第2章 政治過程／第3章 政治権力／第4章 政党と圧力団体／第5章 選挙・投票行動／第6章 政治の心理／第7章 世論とメディア／第8章 統計と調査
第2部 リーディングス
1 権力の二面性（P. バクラック、M.S. バラッツ）／2 クリヴィジ構造、政党制、有権者の連携関係(S.M.リプセット、S.ロッカン)／3 選挙制度の作用〜「デュヴェルジェの法則」再検討〜（G. サルトーリ）／4 民主制の理論について（K. ポパー）

A5判 並製 320頁 定価（本体2,600円＋税） ISBN 978-4-86359-050-2

政治学小辞典

堀江 湛・加藤秀治郎◆編

政治学で学ぶべき内容をわかりやすく小項目中心にまとめたコンパクトな辞典。大学院へ進学する準備や公務員試験準備のための重要用語の確認にも最適。

四六判 並製 302頁 定価（本体2,700円＋税） ISBN 978-4-86359-199-8

クラウゼヴィッツ語録
──『戦争論』のエッセンス──

加藤秀治郎◆編訳

「戦争とは、異なる手段をもって継続される政治に他ならない」──。ナポレオン戦争から200年余。軍事・戦略論の域を超え、政治はもとより、あらゆる組織論に示唆を与え続けるプロイセンの名参謀の名言を精選、簡潔な解説を施した好著。

四六判 並製 212頁 定価（本体1,500円＋税） ISBN 978-4-86359-131-8

政治学・行政学の基礎知識［第3版］

堀江　湛◆編

新しい時代に対応して、ますます密接な関係になりつつある政治学・行政学の両分野を1冊に収録。政治と行政、それぞれについて、新しい視点から現状を展望。第3版では全体的な見直しを行うとともに、平易な記述で基礎的事項を体系的に解説。特に難しいと思われる用語も「サブ・テーマ」「コラム」などで増補した。

A5判　並製　362頁　定価（本体2,500円＋税）　ISBN 978-4-86359-090-8

地方自治の基礎

藤井浩司・中村祐司◆編著

現代日本の地方自治に関する基礎的な事柄をひろく取り上げ、簡潔かつ明解に説明。全20章どこからでも関心のあるテーマから読むことが可能。ただし、第1章から読み進めば、地方自治の原理や理念、歴史、選挙と行政組織、財政や政策法務、福祉や教育、まちづくりなどの具体的な政策について、順序立てて学ぶことができる。

A5判　並製　228頁　定価（本体2,400円＋税）　ISBN 978-4-86359-126-4

「日中問題」という「国内問題」
── 戦後日本外交と中国・台湾 ──

丹羽文生◆著

元防衛大臣・森本敏氏推薦。今日の日中関係、日台関係の起点を検証した意欲的な研究。1960年代、「2つの中国」問題が、日本にとって大きな政治問題となり始めた池田勇人内閣から、「日中共同声明」調印が成った田中角栄内閣初期までの、およそ12年間──この間の日中国交正常化と、それに伴う台湾との断交の政治過程を詳論。

A5判　上製　304頁　定価（本体7,500円＋税）　ISBN 978-4-86359-162-2

ドイツ・パワーの逆説

ハンス・クンドナニ◆著／中村登志哉◆訳

欧米を中心に活躍する気鋭の国際政治学者（英国王立国際問題研究所上級研究員）が分析した、戦後ドイツの真の姿。フィナンシャル・タイムズ、ウォールストリート・ジャーナル等で好評、邦訳後は、読売、日経、朝日新聞はじめ多くの媒体で採り上げられた注目の書。ヨーロッパと世界、日本の安全保障を考える際も必読。

A5判　並製　234頁　定価（本体2,700円＋税）　ISBN 978-4-86359-196-7